# 잔느 귀용 부인

―다른 세계의 자손―

도로시 고은 커슬릿 지음
유 평 애 옮김

기독교 문서 선교회

# *MADAME JEANNE GUYON*

*Child of Another World*

*By*
*Dorothy Gawne Coslet*

*Translated by*
*Pyung Ae, Yu*

1992
Christian Literature Crusade
Seoul, Korea

# 역자의 말

잔느 귀용 부인은 17세기 프랑스 절대왕정의 최절정기인 루이 14세 때 극도의 호사스러움과 방탕, 쾌락, 무절제함으로 온 프랑스가 휘청거리는 어둠 속에서 한 줄기 등불처럼 살다간 그리스도의 증인, 성령의 순교자였다. 종교개혁 이후 신앙의 부흥운동이 불길처럼 일었던 주위의 다른 유럽국들과는 달리 당시 프랑스는 로마 교황청과의 종교-정치적인 이권적 유대 때문에 로마 카톨릭 교회의 절대적 지위권하에서 신교도들을 무자비하게 탄압하는 암흑기의 터널을 지나고 있었다. 그러나 그 암흑 속에서도 한 연약한 여인을 심지삼아 한 가닥 불을 붙여 길잃고 방황하는 당신의 어린 양들을 견지시는 하나님의 놀라운 역사와 그 사랑을 귀용 부인의 생애가 생생하게 증거한다. 부유한 귀족층에서 출생한 잔느 귀용 부인의 생애는 걸음마를 시작하면서부터 생을 마치는 최후의 순간까지 온통 하나님과 인간의 고뇌스런 맞닿음—그들을 떼어놓으려는 온갖 술책과 박해, 중상모략에도 불구하고—에 대한 그리움과 사랑의 변주곡이었다. 그리고 신랑과 신부로서 연합된 그리스도인과 그리스도와의 사랑은 그 어느 것으로도 끊어질 수 없다는 살아있는 웅변이었다. 그러나 고전적인 프랑스 여인처럼 빼어난 미모와 지성을 겸비했던 귀용 부인이 사춘기 시절, 잠시 파리의 화려한 사교계로 눈을 돌렸을 때 세상은 파도처럼 그녀를 삼켜버렸다. 그리고 비극은 이미 시작되었다. 어린 시절을 온통 '그리스도의 순교자'가 되겠다는 꿈으로 보냈던 여인이 이제 뭇남성의 이목을 끄는 세상의 화려한 여자로 둔갑했을 때 잔느의 가슴은 이미 갈래갈래 찢겨져 번민으로 가득 찼다. 혈연관계로 인해 첫사랑마저 이루어지지 않았고, 그후 이성을 사랑할 수 있는 기회는 그녀의 인생에서 결코 다시 오지 않았다. 끝내 타의에 의해 16세의 나이로 22년이나 더 위인 어느 돈많은 병약한 남자와 결혼을 하기에 이른다. 뭇사람의 환호성 속에서 성대히 결혼식을 올리던 날, 그날은 귀용 부인에게 하늘이 무너지는 듯한 처절한 날이었다. 그러나 후에 귀용 부인은 그 불행한 결혼생활을 거치면서 참된 결혼의 실체에 이르게 된다 — 즉 신랑이신 그리스도와의 완전한 연합을 통해 신부의 반열에 이른 어린양과의 혼인을 이 세상에서 믿음으로 소유했기 때문이다. 죄의식 때문에 오랫동안 번민하여 선행과 고행, 금욕 등으로 죄사함을 얻어보려는 가이없는 방황 끝에 어느 날 한 프란치스코 수사와의 만남을 계기로 오직 예수 그리스도의 보혈로 말미암아 자기의 죄가 이미 단번에 영원히 속죄되었음을 깨닫고 거듭나는 체험을 한다. 그후 그녀의 삶은 완전히 변하고 오직 한 길, 하나님을 향해서 쉼없이 달려간다. 28세에 남편을 잃는 과부가 되기까지 참으로 고통스런 이별의 시절이 지나간다. 자식과 친정부모님, 사랑했던 친구의 죽음을 맞이해야 했던 것이다. 그러나 그 모든 시련은 심지의 불길을 더 세게, 더 밝게 지피시려는 주님의 특별한 섭리로서 마침내 그녀는 제네바로 떠나라는 주님의 강력한 부르심을 듣는다. 그리고 부인은 그 부르심에 응답했다. 그것은 또한 박해와 수난의 시작이었다. 마리아나 그밖의 성인, 성녀들, 로마 카톨릭 교회가 규정한 기도형식을 통해서가 아니라 주 예수의 이름으로 직접 영으로 하나님과 교통하라고 사람들을 일깨웠고, 하나님의 제물, 어린양, 오직 예수 그리스도의 십자가상에서의 피흘림으로 말미암아 누구나 이미 구원되었다는 복된 사실을 가는 곳곳마다 전파했다. 그리고 그리스도와 함께 이미 못 박힌 우리 옛자아의 죽음과 부활생명 안에서 우리가 하나님과 하나된 사실 또 그리스도의 귀한 피뿌림으로 말미암아 그리스도인들은 이미 거룩하게 되었다는 성화의 사실을 증거했다. 그러나 로마 카톨릭 교회에게 절대적 권력을 이양한 프랑스 당국과 교회 당국은 교회의 전통적 권위에 도전하는 것처럼 보이는 이 여인을 용납하지 않았다. 마침내 이교도라는 혐의로 세 차례나 투옥되고, 그 악명높은 바스티유 감옥에까지 유폐된다. 하지만 바스티유의 도저히 상상할 수 없는 극한 상황 속에서도 결혼으로 맺어진 주님과의 연합은 더욱 견고해졌고, 가장 핍절된 역경 속에서 환희와 사랑의 찬가가 온통 그 영혼을 울린다. 귀용 부인의 생애 자체가 한 알의 밀알이었기에 마침내 많은 영혼들이 주 예수의 생명으로 바르게 인도되었다. 그러나 귀용 부인과 유대관계를 나누었다는 이유 하나로 그들 역시 박해를 당했다. 27년 간 감옥에 갇혔다가 비참한 최후를 맞은 라 콩브 신부, 바스티유 감옥에서 죽어간 하녀 라 고티에르 양, 인생의 모든 야망을 그 대가로 지불한 페늘롱 대주교 등등 … 앞에 당한 경주를 다한 후, 주님의 품 안에 안기면서 남긴 귀용 부인의 기도는 저 이방인을 위한 사도 바울의 장엄한 고백을 연상케 한다. 마지막 세대를 경주하고 있는 오늘날의 그리스도인들 역시 최후의 순간에 담대히 이런 고백을 할 수 있을 것인가 … "오 하나님! 당신을 찾아 충실하게 따름으로써 그리고 정결한 사랑의 능력 안에서 제 자신을 희생제단에 바침으로써 당신의 유익과 영광을 위해서 수고함으로써 얻는 최고의 위로가 이제 제게 남아있으니 이것은 당신의 선하심 덕분입니다. 제가 이 세상에 처음 태어난 순간부터 죽음과 생명은 늘 싸웠습니다. 하지만 생명이 죽음을 이겼다는 사실이 증명되었습니다. 오, 이곳 지상에서의 제 마지막 존재의 결론은 생명이 영원히 죽음을 이기리라는 것 그것이 저의 유일한 소망입니다. 의심할 바 없이 오직 당신만이 제 안에서 충만하게 살고 계십니다. 오, 나의 하나님, 오직 당신만이 지금 저의 유일한 생명이시고 저의 유일한 사랑이시며 저의 구원자이십니다!"

유평애

# 머리말

이 잔느 귀용 부인(1648~1717)의 전기는 자기의 구세주와 깊이 사랑을 나누었던 한 여인 … 신앙고백을 통해서 그리스도인들을 축복하고 도전케하기 위해 하나님이 크게 사용하셨던 한 여인 … 너무도 열렬하고 진솔한 신앙 때문에 불이해 속에서 박해를 당했던 한 여인 … 자기가 사랑했던 로마 카톨릭 교회에 의해서 이단이라는 혐의를 받고 혹독하게 박해를 당했던 익인을 여러분에게 소개할 것이다. 여러분은 또한 이 고결한 프랑스 여인의 신앙동기가 무엇이며 불안정한 어린 시절과 사랑없는 결혼, 철이른 과부신세에도 불구하고 어떻게 자기의 희귀한 신앙에 충실할 수 있었는지 이해하게 될 것이다. "내게 사는 것은 그리스도요, 죽는 것이 사는 것이다"라는 말씀의 가치와 그것이 주는 기쁨을 이해했던 한 여인의 진정한 드라마를 읽음으로써 독자 여러분 역시 주 예수께 더 가까이 가게 되는 것이 우리의 바람이요 기도이다. 이 전기를 쓸 수 있었던 커슬릿 부인은 미국 성서대학과 신학교의 신학석사 학위를 취득했고, 유명한 작가학교를 졸업하기도 했다. 커슬릿 부인은 현재 몬타나 주의 헬레나에 거주 중이다.

# 목 차

**역자의 말**
**머리말**

1. 하나님의 부르심 / 11

2. 어린 시절 / 21

3. 수녀원 안에서의 학교생활 / 31

4. 청혼과 결혼 / 43

5. 시도기 / 53

6. 28세에 과부가 되다 / 65

7. 하나님의 일을 하러 제스로 가다 / 79

8. 신앙, 글로 고백하기 시작하다 / 97

9. 박해가 시작되다 / 109

10. 첫번째 투옥 / 117

11. 자유―그러나 출감되지 못하다 / 127

12. 페늘롱 신부와의 만남 / 143

13. 보쉬에 수교의 반대 / 149

14. 이교도라는 혐의를 받고 / 159

15. 또다시 투옥되다 / 175

16. 가중되는 박해 / 185

17. 바스티유 감옥에 투옥되다 / 191

18. 마침내 풀려나다 / 203

**참고문헌**

## 하나님의 부르심

세 번째 보트가 부두에서 점차 멀어져 갔다. 그 보트는 아무도 눈치 채지 못하게 센느강을 천천히 거슬러 미끄러져 간다. 그 배에는 최근 과부가 된 잔느 귀용 부인과 다섯 살 먹은 어린 딸, 다른 세 명의 친구들이 타고 있었다. 그들은 싵은 어둠에 서로 뒤엉켜서 누가 누군지 분간할 수 없으리라 확신하고 있는 듯했다. 그들은 각자 위장을 잘하여 개인 짐을 너무 많이 운반하는 것을 피하려고 애썼다.

주위는 고요하고 적막했다. 1681년 숨막히게 더운 7월의 어느 날 밤, 그들은 자기들이 기도했던 바로 그 길을 가고 있었다. 배가 미끄러져감에 따라 파도가 양 옆에서 찰싹거렸다. 아주 미세한 소리라도 그들 심장의 무거운 박동소리를 울리고 밤의 어둠을 짙게 할 것만 같았다. 근처의 해안에서 귀뚜라미의 울음소리가 들려온다. 멀리서 개가 짖어댄다. 하지만 다행스럽게도 접근해오는 군인은 없었다.

귀용 부인은 그날 밤, 단 하나의 확신을 지닌 채 파리를 떠났다. 하

하나님께서 자기에게 어떤 사역을 맡기셨다는 확신 …

귀용 부인은 미리 예약해 놓은 마차보다는 비밀리에 이 배를 타고 가는 것이 더 안전하다고 판단했고, 그래서 부인과 그녀의 친구들은 라 모트 신부가 그들의 행방을 알기 전에 꽤 먼 곳까지 갈 수 있었다. 비록 그녀가 의붓동생이긴 했지만 라 모트 신부는 교회 권위의 심판 앞에 신앙관을 표명하라고 그녀를 위협했고, 그녀가 스위스로 가는 것을 방해하며 그것은 어리석은 짓이라고 일축했다. 하지만 귀용부인의 결심은 더욱 굳어졌던 것이다.

"이것이 참으로 지금 나에 대한 하나님의 뜻이라면 나는 가야만 한다!" 귀용 부인은 스스로 결론을 내렸다.

이 여인이 급히 출발을 하게끔 만든 상황은 그 몇 달 전에 비롯됐다. 이른 봄, 사업관계로 파리에 있었을 때 부인은 교회에 간 적이 있었다. 그곳에서 수석 고해신부를 찾아가 조용히 고백소의 어두침침한 장개판에 무릎을 꿇었다. 귀용 부인은 서로 모르는 사이였기 때문에 그 신부가 주 예수 그리스도에 대한 자기의 개인적인 신앙체험을 세밀하게 이해하지 못하리라 생각했다. 하지만 그 신부가 이렇게 말했을 때 부인은 얼마나 놀랐는지 모른다; "나는 당신이 누군지 모르지만 주님께서 당신에게 알려주신 것을 실행하도록 당신에게 강하게 권해야 한다고 느껴집니다. 그분은 당신을 원하십니다. 그것이 내가 말해야만 할 내용의 전부입니다."

"하지만 신부님!" 부인은 대답했다. "저는 과부이고, 돌보아야 할 아이가 셋이나 있습니다. 이것만으로도 일거리가 벅찹니다. 그런데 하나님이 어떻게 아이들이 교육받도록 애들을 돌보는 것 외에 다른 것을 제게 요구하실 수가 있겠습니까?"

"부인, 세세하게는 나도 모릅니다." 신부는 대답했다. "하나님께서 당신에게 무엇을 원하시는지 당신에게 알려주셨다면, 당신이 그분의 뜻을 행하지 않고 피할 수 있는 길은 이 세상에 절대 아무것도 없습니다. 그 뜻을 행하기 위해서 설사 아이들을 떠나야만 한다 할지라도 희생을 감수하셔야 합니다. 어떤 것으로도 변명을 댈 수 없습니다."

귀용 부인은 파리에서 남으로 50마일 떨어져 있는 몽타르지의 집으로 돌아왔다. 자기에 대한 하나님의 뜻을 완전히는 알 수 없지만 하나님의 음성에 순종하고 부르심에 유의해야 한다는 확신을 품으며 … 그 고해신부의 경고가 부르심에 대한 확신을 견고하게 했다. 그것이 개인적인 부자유와 희생을 의미한다는 것도 부인은 감지했다. '하지만 아이들은 어떻게 할 것인가? 아이들은 너무 어리고, 아빠도 없지 않은가? 엄마마저 잃는 고통을 아이들에게 안겨주어야 할 것인가?' 이따금 부인은 설마 하나님께서 자기에게 그러한 희생을 요구하셨을 리가 없다는 막연한 기대에 매달리기도 하였다. '아마도 이것은 그저 믿음에 대한 충성심을 알아보는 시험에 지나지 않을테지 … 아마도 하나님은 병원실립을 위한 기부금 정도나 원하시는 거겠지 … 혹은 제네바에 학교를 설립하기 위해서 기금을 하던가 … 정말 하나님께서 원하시는 것이 이런 것이 아닐까?' 그렇다면 부인은 하나님과 교회를 위해서 이런 좋은 일을 할 수 있었고, 가족들과도 같이 살 수 있었다. 하지만 왜 이러한 것을 스위스의 제네바에서 해야만 하는가? 부인도 알고 있듯이 그 도시는 로마 카톨릭 교회를 떠나 이단자 존 칼빈을 쫓는 칼빈과 신교도들로 붐비고 있는데 … 확실히 열렬한 카톨릭 신자인 부인은 자기에게 세례를 베푼 교회를 떠날 의도가 전혀 없었다.

주님이 원하시는 것이라면 무엇이든 순종해야 한다는 파리의 고해신부의 말에 동의하면서 귀용 부인은 하나님의 음성을 들었던 것에 대해서 아무에게도 말하지 않겠다고 결심했다. 하지만 왜 자꾸 제네바가 마음 속에 떠오르는 것일까? 하나님의 부르심을 받기는 했지만 아직 그분이 자기에게 무엇을 원하시는지 몰랐기 때문에 그녀의 마음 속에는 심한 갈등이 일어났다. 하지만 아무리 애써도 제네바에 대한 관심은 지울 수가 없었다. 또한 남편이 아직 살아있을 당시 들려왔던 주님의 말씀도 잊을 수가 없었다; "무어라고! 너는 편하려고 나의 강력한 멍에를 벗어버리겠다는 것이냐?"

그래서 부인은 결단을 못한 채 집으로 돌아갔고, 주님께서 당신의 손가락으로 보다 확실하게 부인의 길을 제시하실 때까지 걸음을 주춤댔다. 하지만 단 한 가지 확실한 것은 마음에서 맨 처음 일었던 질문에 대해서는 마침내 답을 얻었다는 사실이다. 즉 하나님은 어디에선가 자기에게 맡길 사역을 이미 정해놓으셨다는 것, 그녀는 그것을 발견해야만 했다!

부인은 마침내 의붓오빠인 라 모트 신부와 교회 신도들, 친구들에게 심정을 토로하였다. 하지만 그녀가 하나님에게 사역자로서 불림을 받았다고 생각하는 사실 자체가 혐의와 의심을 불러일으켰다. 어느 젊은 신부는 귀용 부인에게 매우 솔직하게, 그러한 생각은 몰지각하고 무모한 미친 짓에 지나지 않는다고 말해주었다. 심지어 그녀를 유혹하기 위한 사탄 루시퍼의 생각일지도 모른다고 의붓오빠 라 모트 신부와 다른 여러 선의의 친구들 역시 그런 의견을 표시했다. 비숍 다랑톤 주교, 파리의 뉴카톨릭 수도회 원장, 어머니 마리아, 클로드 마르틴 신부, 베르토트씨, 그녀의 지도신부 라 콩브 신부까지도 그녀의 제네바에서의 사역에 대해 부정적인 반응을 보였다. 그들 중 어떤 사람들은 그녀의 소명을 천부적인 것이라 생각하며 프랑스를 떠나지 않고도 가난한 사람이나 장애자들을 위해서 일할 수 있지 않느냐고 제안했다.

한편 귀용 부인의 일가가 속해 있는 본당의 신부 역시 그녀에게 아무런 용기도 주지 못했고, 그녀의 의붓오빠와 의견이 똑같았다. 멍청한 계획이며 판단의 심각한 실수라고 일축했다. 그녀의 소명의식을, 남편을 잃은 후 슬픔의 충격과 삶의 회의에서 온 신경과민, 뛰어난 상상력의 소산이라고만 판단했던 것이다.

그러나 하나님의 부르심에 대한 최종적인 확신은 근처에 살고 있는 신부들에게서 온 두 통의 편지를 받고나서 생겼다. 그 편지들은 거의 동시에 배달되었는데 내용도 실제 똑같았다. 확실히 이것은 우연의 일치 그 이상이었다.

첫번째 편지는 클로드 마르틴 신부에게서 온 것인데, 장시간 기도한 끝에 귀용 부인이 제네바로 가야 하고 그곳에서 주님께 모든 희생을 기꺼이 감수해야 한다고 주님께서 자기에게 계시로 알려주셨다는 내용이었다. 두 번째 편지는 귀용 부인의 지도신부였던 프랑스와 라 콩브 신부에게서 왔다. 그것은 마르틴 신부와 같은 느낌을 받았다는 내용의 글이었다. 부인이 처한 곤혹스러움에 대해 장시간 기도를 하다가 주님께서는 귀용 부인이 제네바에서 주님을 섬기고 무엇이든지 그분의 뜻을 실행하기를 원하고 계시다는 확신을 받았다는 것이다.

"아마도 주님은 제네바에서 성전건립을 위한 기금 이상으로 내게 아무것도 원하시지 않겠지 … !"하고 귀용 부인은 생각했다. "이것도 가치있는 일이지. 그분의 일을 뒷바라지하는 것도 확실히 하나님의 뜻일 테니까. 더구나 아무리 기금을 많이 낸다 하더라도 그것은 나의 재원에 비하면 적은 지출에 지나지 않으니까 … "

부인은 죽은 남편 자크 귀용 씨로부터 물려받은 재산에 대해 설명하면서 마르틴 신부에게 자기의 생각을 자세하게 설명했다. 실제 재산은 가족들의 필요를 충족시키고도 훨씬 남음이 있어 당시도 부인은 계속 복지사업에 기금을 하고 있었다. 하지만 마르틴 신부는 부인의 소명을 그렇게 생각지 않았다. 그는 주님께서 자기에게 계시해 주신 것에 대해 강하게 확신하고 있었다. 축복의 구세주께서는 그녀의 세속적인 물질이 아니라 그녀와 개인적인 약속을 맺고 싶으셨던 것이다. 마르틴 신부는 그것을 알고 있었다.

마침내 부인은 결심하기에 이르렀다. 이제 지구상의 어떤 것도 그녀의 실행을 늦출 수는 없었다. 물론 의심과 공포가 여전히 남아 있었다. 당시 수녀가 되는 것 외에 여자로서 하나님의 부르심을 받는다는 것은 평범한 일이 아니었다. 하지만 귀용 부인은 더이상 하나님의 뜻을 묻지 않겠다고 맹세했다.

부인의 마음은 결정됐다. 아무리 친구들이 말려도 그들은 소명의 진지성을 알지 못하므로 어떻게든 부인은 제네바로 가야만 했다.

부인에게 가장 고통스러운 문제는 아이들의 양육문제였다. 아이들을 떠나야 한다는 생각에 부인은 갑자기 슬퍼졌다. 아이들은 학교 기숙사에 넣거나 양부모에게 맡겨야 한다. 가슴은 찢어질 듯 아프지만 둘 중에 하나를 선택해야만 한다. 무엇이든 해야만 한다면 그렇게 해야 한다. 예수 그리스도에 대한 헌신이야말로 그녀에게는 가장 우선적인 것이므로―사랑하는 아이들이기는 하지만. 그러나 부인도 알고 있다시피 아이들을 떠난다는 것은 쉬운 일이 아니었다.

여행준비는 생각했던 것보다 더 오래 걸렸다. 아무에게도 의심을 사지 않고 떠나려 했기 때문이다. 또 부인이 없는 동안에 일어날 모든 상황에 대해서 미리 준비를 하고 해결책을 마련해 놓으려고 했다. 시어머니나 세 아이들의 생활문제 뿐만 아니라 죽은 남편의 재산관리, 소유권, 사업문제 등 모든 것을 가족 법조인과 상의를 해야만 했던 것이다. 이 모든 것을 정리하는 데는 꽤 시간이 걸렸다.

자크 귀용 씨와의 결혼생활 12년 동안 잔느 귀용 부인은 같은 집에서 모시고 살았던 시어머니의 날카롭고 거칠은 대우를 참아내야만 했다. 그들이 결혼을 하자마자 자크 씨의 어머니는 의도적으로 새며느리의 신경을 자극하면서 며느리의 인내심을 시험하기 시작하였다. 심지어 가정의 하인들까지도 그렇게 하도록 부추겼다. 그때마다 잔느는 그리스도인으로서의 침착성을 유지하고 내적인 상처를 드러내지 않기 위해 벌어지는 사태에 대해 아예 눈을 감고 귀를 막으려고 애썼다. 주님에 대해서만 생각하려고 힘썼고, 재빨리 속으로 성경말씀을 암송했다. 낮시간은 복지사업에 참여하며 보냈고, 다른 사람들을 돕는 데서 마음의 위로를 찾았다. 그러나 시어머니는 잔느가 하는 일에 대해서 계속 꼬투리를 잡았다. 그리고 잔느의 너그러움에 대해 아들 자크에게 일러바쳤다. 어머니로부터 불평을 들은 남편은 부인에게 가계부와 개인적인 지출명세서, 가난한 사람들과 교회를 위해 쓴 기부금 내용 등을 전부 보고하라고 요구했다. 이유는 자기가 부인에게 베푼 너그러운 허락의 기회를 부인이 얼마나 지혜롭게 사용했는지 알아보기 위해서라는 것이다.

잔느 귀용 부인은 1680년과 1681년 사이의 마지막 겨울을 집에서 가족들과 함께 보냈다. 추운 겨울이 되면 프랑스는 참으로 비참했다. 혹한 추위와 바람, 무거운 눈 때문에 사람들은 춥고 배고프고 병들고 특히 대도시는 몹시 심했다. 귀용가처럼 부유한 가정들은 할 수 있는 만큼 가난한 사람들을 도움으로써 배고픔과 어려움을 덜어주는 것이 그리스도인의 의무라고 느꼈다. 그래서 귀용 부인과 시어머니는 빵과 의복, 침구, 일거리 등의 문제에 있어 불운한 사람들을 돕는 데 함께 참여했다. 그러는 동안 어느덧 이 젊은 과부와 시어머니는 서로를 존경하게 되었다.

쓰라린 고통과 오해의 오랜 세월이 지난 후, 마침내 서로 마음으로 친밀하게 되다니, 얼마나 아름다운 일인가. 오, 이토록 빨리 그런 기적이 일어나다니! 생각지도 않았는데 일이 이렇게 될 줄이야! 마지막 겨울을 가족과 함께 보내며 다른 사람들의 생활에 대한 공동관심의 결과로서 시어머니와 과부가 하나가 되어 전에는 전혀 경험하지 못한 사랑과 애정으로 묶어질 줄이야 … 이제 출발날짜가 가까워짐에 따라 나이 드신 시어머니와 그토록 다정한 시간을 보낸 후 이별해야 한다는 것이 결코 쉬운 일이 아니라는 것을 부인은 깨달았다. 한번 더 갈등이 생겼다; "이제서 내가 어떻게 떠날 수 있을까?" 하지만 하나님의 일은 해야만 한다. 날이 지남에 따라 늙은 시어머니 역시 자기 며느리가 떠나는 것이 싫었다. 이제 며느리와 손자들을 위해서 무슨 일이든 충분히 할 수 있을 것 같지 않았다.

주님의 부르심에 따르겠다고 결심했음에도 불구하고 귀용 부인은 자기 신앙에 대해 자문해 볼 시간이 필요했다. 정말 하나님의 부르심에 관해서 잘못 판단함으로써 일생을 망칠 수도 있지 않은가?

회심하던 날부터 부인에게 주 예수 그리스도는 매우 실제적이고 가까운 분이었다. "나는 너와 항상 함께 있겠다"는 그분의 약속을 그녀는 자기의 것으로 받아들였었다. 이제 다음 이사야서의 말씀이 그녀의 마음 속에 떠올랐다; "두려워말라 … 내가 너를 돕겠다. 주님, 너의 구원차, 이스라엘의 거룩한 자가 말씀하셨다 … 두려워말라. 내가 너를 구원했고 내가 나의 이름으로 너를 불렀나니 너는 나의 것이라. 네가 물을 건널 때 내가 너와 함께 하리라."

얼마나 확신케 하는 말씀인가!

그후 몇 년 간 부인은 하나님의 거룩한 임재를 가장 내적인 방식으로 체험했고, 내적인 영혼의 불길이 계속 타오르면서 그분의 보호를 보다 강력하게 감지했다. 의구심과 의심도 점차 사라졌고 성령께서 이미 그녀에게 계시하신 대로 소명의 타당성은 더욱 견고해졌다. 이제 뒤로 후퇴하는 일은 없다! 주 예수 그리스도 그녀의 복된 구세주와의 성스런 혼인서약은 부인으로 하여금 무엇이든 그분을 기쁘게 하고 자기를 취하시도록 그분을 굳게 따르게 했다.

"오 사랑하는 분, 당신은 징벌의 공포가 저의 이해력이나 가슴 속에 깊이 남겨질 수 없다는 것을 아셨습니다; 그것은 당신께 범한 죄였습니다. 죄 때문에 저 자신은 온통 참으로 심각한 비탄에 빠졌습니다. 천국도 지옥도 없다고 상상을 해보았지만 여전히 제 안에는 항상 당신을 슬프게 했다는 천부적인 공포심이 남아있었습니다. 당신도 아시겠지만, 제가 과오를 범한 후 당신께서 그 모든 것을 용서하시는 자비를 베푸셨을 때 상처를 싸매주시는 쓰다듦의 손길은 회초리보다도 천 배나 더 견딜 수 없었습니다."

## 어린 시절

　1648년 4월 18일에 태어나 같은 해 5월 24일에 로마 카톨릭 교회에서 세례를 받았던 잔느 마리 보비에 드 라 모트는 매우 병약한 조산아여서 살아남을 것 같지가 않았다. 계속 병앓이를 했고 어린 시절 내내 병약해서 이따금 심장박동이 멎어 거의 죽을 뻔한 경우도 있었다.
　잔느의 아버지, 클로드 보비에 드 라 모트는 매우 독실한 종교인이고 상당한 인격자여서 그 지역사회에 꽤 존경을 받는 사람이었다. 라 모트 베르공빌르의 영주님이라는 그의 직함이 말해주듯이 당시 그의 가계는 프랑스의 귀족 계층이었다. 그는 프랑스 혁명이 일어나기 전 오를레앙 주라고 불린 프랑스의 한 지역, 몽타르지의 시장과 비슷한 사회적 지위에 있었다.
　잔느의 어머니는 성이 아무데도 기록되지 않아 밝혀지지 않았는데, 아무튼 자기 딸을 포함해서 다른 모든 여자를 싫어했던 매우 자존심이 강한 여자였다. 불운하게도 보비에 드 라 모트 부인은 특별히 종교에도 관심이 없었기에 가정에서 아이들을 양육하는 것보다는 사교나 애덕 사업에 더욱 열심이었다. 집이나 가정일보다는 과감하게 도전적인 사교활동을 벌였다. 그렇기에 대부분의 시간 동안 하인들과 언니 오빠들이 어린 잔느 마리를 돌보아야 했다.

잔느의 어머니나 아버지, 양쪽 모두 전에 결혼을 한 적이 있었다. 아버지는 아들과 딸이 있고, 어머니에게는 딸 하나가 있었다. 어린 잔느 마리는 이 언니 오빠 사이에서 귀염을 받으며 돌봄을 받았다. 특히 의붓오빠는 가장 가까이서 잔느를 마음대로 지배하는 데 즐거움을 누렸다.

이렇게 현저한 어머니의 사랑결핍 때문에 보비에 드 라 모트 씨는 막내딸 잔느 마리를 근처의 우르술린 신학교에 넣기로 결정했다. 그때 잔느 마리는 두 살 반으로 겨우 아장아장 걸음마를 할 때였다. 거기서 교육받기에는 너무 어렸지만 잔느 마리는 특히 자기를 맡았던 수녀들의 개인적인 관심과 애정에는 잘 반응을 보였다. 6개월이 지난 후 잔느 마리는 집으로 돌아왔다. 하지만 집에는 아무것도 달라진 것이 없었다.

1652년 말엽 라 모트 가족의 친구였던 몽트바슨 공작부인이 베네딕트 수녀들과 함께 기거하기 위해서 왔다. 그녀는 드 라 모트 씨를 설득하여 네 살 먹은 작고 귀여운 딸 잔느 마리를 베네딕트 수녀원에 입회시키게 했다. 잔느의 아버지는 집에서보다는 오히려 거기서 사랑과 애정을 더 받을 수 있으리라 확신했다. 그 수녀원에서 잔느 마리는 자기를 돌보던 그 훌륭한 공작부인에게 작은 골치거리처럼 보였다.

베네딕트 수녀들, 수녀원의 어린 소녀들과 함께 살면서 잔느 마리는 여러 훌륭한 모범 그리스도인들을 보았고, 그들을 흉내내려고 애썼다.

수녀들의 옷을 입는 것이 얼마나 커다란 특권처럼 느껴져 기뻤던지 … 그렇게 어린 나이였음에도 불구하고 잔느는 매우 외적인 종교적 경험들을 가졌고 어린이로서 기대되는 만큼 종교적인 생활을 영위하겠다는 욕구를 표현했다. 잔느는 온 마음을 다해 주 예수를 사랑했고 교회에서 미사를 통한 예배의식을 할 때 만족을 느꼈다.

어느날 밤 잔느 마리는 지옥에 관한 무서운 꿈을 꾸었다. 끔찍하도록 어두운 곳에서 영혼들이 괴로워하며 땅에서 자기가 범한 불법 때문에 영원히 벌을 받고 있었다. 잔느는 지옥이 바로 수녀들이 자기에게 말해준 그대로 사실임을 깨달았다. 이따금 어리광스런 습성 때문에 벌을 받았던 잔느는 그러한 벌을 이제 지옥에서 받게될 것이라고 생각하지 않을 수 없었다. 이렇게 생생한 지옥의 실상과도 같은 꿈에 압도되어 잔느는 애원하기 시작했다; "오, 나의 하나님, 나를 불쌍히 여기시고 자비를 베푸신다면 나는 다시는 당신에게 죄를 짓지 않겠습니다."

용서받지 못한 채 죽어 지옥에서 깨어나는 일이 발생하지 않도록 공포에 젖은 잔느는 바로 그 순간 고백성사를 보겠다고 우겼다. 너무나 어렸기 때문에 혼자 고백소에 가는 것이 허락되지 않았기 때문이다. 누군가 안내해줄 사람이 필요했다. 그래서 한 수녀가 데려다주고, 고백소에서 긴 고백성사가 끝날 때까지 기다렸다. 그러나 그 수녀는 얼마나 놀랐던지! 잔느가 말을 시작했을 때 처음에는 신부가 웃음을 터뜨렸다. 어린아이가 진지하게 로마 카톨릭 교회의 신앙과 교회 교리에 약간의 의심이 든다고 말했으니 … 잔느는 수녀들이 지옥에 대해서 말한 것이 의심스럽다고 고백했다. 그들이 지옥에 대해 말할 때 그것은 단지 소녀들로 하여금 말을 잘 듣고 수녀원 규칙을 잘 지키라고 공포를 주는 것이지 그렇게 끝없는 벌이 있으리라고는 생각지 않았다는 것이다. 그런데 꿈에서 실제 그곳을 보니 너무나도 두려웠던 것이다.

"지금 나는 그것을 믿어요, 실제로 그래요. 나는 지옥이 있다고 믿어요." 잔느는 흐느껴 울었다.

이 고백을 하면서 잔느는 비록 자기가 5세밖에 되지 않았지만 정말 구원이 필요한 악한 죄인이라는 사실을 처음으로 깨달았다. 그녀는 그리스도의 용서를 빌어달라고 또 자기 죄를 해결해 달라고 신부에게 매달렸다. 하나님께 매달리며 지옥의 형벌에서 면하고 싶은 갈망이 어찌나 진지했던지 잔느 마리는 의식적으로 혹은 무의식적으로 지은 모든 흉악한 죄와 어둠으로부터 깨끗해지기를 원했고 자기 영혼의 구원의 확신을 얻고 싶어했다.

수녀원에서 자기보다 나이많은 소녀들에게 매우 솔직했던 잔느 마리는 자기의 경험에 대해서 서슴지않고 이야기했다. 심지어 자기는 하나님을 위해서 무엇인가를 —그리스도교 순교자 같은— 하고 싶다고까지 말했다. 감사한 구세주에 대한 사랑과 헌신을 증거하기 위해서 … 나이든 소녀들이 그 이야기를 들었을 때 그들은 호기심이 일고 흥분을 했다. 잔느 마리에게는 이것이 그리스도와 교회에 대한 내적인 헌신의 표현이었지만 다른 소녀들에게는 이미 질나쁜 농담의 대상이 되어버린 한 어린 소녀를 시험하는 기회로 둔갑했던 것이다. 그들은 잔느로 하여금 즉시 순교자가 되는 것이 전능하신 하나님의 진정한 뜻이라고 확신시킬 계획을 짰다. 순교를 하면 즉시 하늘나라에 갈 수 있고, 거룩한 하나님 앞에서 영원히 즐거울 것이라고 잔느를 확신시켰다. 그러면 지옥은 잔느에게서 영원히 없어지는 것이고 잔느는 오직 한 번에 예수를 위해서 죽는 거라고 말해주었다.

그들이 흥미로워하는 것을 보고 잔느 마리는 그들 소녀들이 이야기하는 것을 전부 다 믿었다. 물론 예수에 대한 자기의 충성심과 헌신을 증명할 수 있으니 잔느는 그지없이 행복했다. 그리스도교의 순교자가 된다는 생각이 신앙과 용기를 북돋았던 것이다. 확실히 잔느는 순교가 내포하는 것을 깨닫지 못했다. 어쩌면 순교를 상징적으로만 여겼을지도 모르겠다. 죽음을 겪는 육체적 고통을 경험하지 않고 어떻게든 직접 하늘나라로 가는 것이라고 상상하며, 어쨌든 잔느는 주님께 그분의 자비와 사랑스런 친절에 감사했으며 자기가 그리스도교 순교자가 되도록 필요한 것을 도와달라고 소녀들에게 부탁을 했다. 잔느는 하늘나라로 갈 준비가 되어 있었고, 갖은 기대와 기쁨으로 순교를 고대했다.

  소녀들은 이 중요한 의식을 위해서 오랫동안 준비를 했다. 그들은 마루바닥에 붉은 천을 깔았고, 잔느 마리는 그 가운데에 무릎을 꿇었다. 그들은 잔느에게로 다 모여 하늘과 땅의 창조자이신 하나님 아버지와 십자가에서 죽고 능력과 영광 안에서 다시 살아나신 아들 예수 그리스도, 죄인들을 회개시키려고 이 세상에서 일하고 계시는 복된 성령께 신앙고백을 하였다. 이것은 가장 감동적인 의식이었다. 아주 진지하고 순수한 마음으로 어린 잔느는 나이든 언니들이 명령하는 것을 다 수행했다.

  잔느 마리가 무릎을 꿇고 땀에 젖은 손에 꽉 쥔 묵주를 돌리며 기도를 하고 있을 때였다. 잔느보다 좀더 큰 소녀 하나가 긴 칼을 잔느의 머리 위로 높이 치켜들었다. 그녀는 몸의 균형을 잡으며 똑바로 섰다 — 이제 막 칼을 내리칠 찰나였다. 그 순간 잔느 마리는 눈물이 가득 고인 눈을 떴고, 자기 머리 위에서 날카롭게 번쩍이는 칼날을 보았다. 갑자기 무엇인가가 일어나리라는 것을 깨닫고 잔느는 소리를 질렀다. "잠깐만 기다려! 잠깐만! 이렇게 할 수는 없어. 우리 아빠 허락도 받지않고 죽는 것은 옳지 않아!" 그 의식은 갑자기 멈춰졌다.

소녀들은 마지막 순간에 진행을 방해해 죽음에서 빠져나왔다고 잔느 마리를 비난했다. 그들이 염려컨대 잔느가 순교할 수 있는 기회는 이미 지나가 버렸다는 것이다, 영원히. 그래서 잔느는 지옥에 갈 수 있고, 지옥에 있어야 한다는 것이다. 잔느는 결코 그리스도교 순교자가 될 수 없는데 그것은 이미 진행된 성스런 의식이 끝났고 자기 약속을 지키지 않음으로써 하나님께 죄를 지었기 때문이란다.

이 모든 것에 대해 잔느 마리는 매우 진지하긴 했지만 얼마가지 않아 나이많은 소녀들의 가시돋힌 농담과 숨넘어가도록 킥킥대는 모습에서 그들이 자기의 순교자에 대한 소망을 그저 재밋거리로 여긴다는 사실을 깨달았다. 그 의식을 진행시키면서 그들이 했던 말에는 전혀 아무런 의미가 없었던 것이다.

이 사건은 다시 잔느를 의심하게 만들었다. 공작부인과 수녀들, 신부, 그녀의 아버지가 아무리 말을 해도 잔느 마리는 의기소침해졌고, 죄의식을 느꼈다. 확실히 자기는 감사하신 주님께 죄를 지었고 이제 더이상 그분을 신뢰할 수가 없다고 생각되었다.

이 우울함과 의기소침이 마침내 잔느를 집으로 돌아오게 했다. 베네딕트 수녀원에서 그렇게 2년을 보낸 후 잔느는 다시 하인의 손에 맡겨졌다. 그녀가 다시 행복하고 믿음있는 어린이가 되는 데는 거의 1년이나 걸렸다.

잔느 마리가 7세쯤 되어갈 때 그녀의 아버지는 잔느를 우르술린 신학교에 두 번째로 보내기로 결정했다. 잔느의 의붓언니들 두 명이 그 신학교에서 선생으로 있었다. 아버지는 큰 딸에게 잔느를 돌봐달라고 부탁했는데 그 딸이 잔느가 본받을 만한 그리스도인이라고 비쳐졌기 때문이다. 그것은 현명한 판단이었다. 두 딸 모두 잔느에게 헌신적이었다.

잔느 마리는 다른 기숙생들보다 훨씬 어렸기 때문에 그들과의 교제는 의붓언니의 감시하에서 매우 제한적으로만 허용되었다. 규칙적인 학교수업 외에도 잔느 마리는 성경읽는 법과 기도, 속죄하는 것에 대해 지도를 받았다. 또 잔느는 처신하는 법과 수녀원에서 소녀들에게 부과한 잡일하는 법도 배웠다.

물론 잔느의 아버지는 잔느의 교육에 방해가 되지 않는 범위 내에서 잔느 마리와 함께 집에서 지내기를 기뻐했다. 하루는 8세된 자기 딸에게 집으로 오라는 편지를 신학교로 보냈다. 잔느 마리는 집에 가게 될 때마다 항상 즐거웠다. 이번에는 아버지께서 어떤 손님을 잔느에게 만나게 해주시려고 부른 것이다. 그 손님은 영국의 여왕, 헨리에타 마리아와 그녀의 여행친구들이었다. 아버지는 잔느에게 당신의 특별한 손님들을 즐겁게 해달라고 부탁했다. 여왕은 어린 잔느의 예절바른 인사와 활달한 말솜씨, 유머스런 답변과 춤솜씨, 이 모든 것에 반해 자기와 함께 영국으로 가서 자기 딸인 공주의 궁정시녀가 되달라고 요청했다.

당연히 어린 소녀는 신학교의 그 정적 대신 외국을 여행하게 되었다는 생각에 무척 기뻤다. 또 헨리에타 마리아 여왕과 함께 영국으로 간다면 항상 사교와 사회계층 상승의 기회만을 노리던 자기 어머니도 좋아할 것이라는 것을 어린 잔느는 알고 있었다. 자기 아버지가 여왕의 요청에 "좋습니다!"라고 대답하시기를 얼마나 바랐던가!

당시 영국의 정치적인 상황 때문에 헨리 4세왕의 딸이고 프랑스의 루이 13세왕(당시 왕좌에 있던 루이 14세의 아버지)의 누이였던 헨리에타 마리아 여왕은 영국의 여왕자리에 있지 못하고, 12년 전인 1644

년 프랑스로 와서 당시 샤이엣 수도원에서 살고 있었다. 정치적인 지지자들로부터 받는 원조 외에는 아무런 지지수단도 없이 비참한 가난 속에서 살았다. 그러면서도 여왕은 자기 직함에 어울리는 근엄함을 유지하려고 애썼고 영국의 정치적인 상황을 계속 주시하고 있었다. 때가 되면 영국으로 돌아가 자리를 굳힐 준비태세를 갖추고 있었다. 영국뿐만 아니라 유럽대륙에는 많은 영향력있는 사람들이 있었고, 그들은 모두 여왕이 영국으로 되돌아가기를 바랐다.

그러나 여왕의 요청에 대해 잔느 마리가 어떻게 반응을 하거나 의사 표시를 할 틈도 없이 드 라 모트 씨는 감사하다며 초청을 정중하게 거절하는 것이 아닌가.

잔느 마리는 다시 우르술린 신학교로 돌아왔고 꿈은 다 무너졌다. 마음의 실망을 안은 상태에서 돌아와보니 자기가 좋아하던 의붓언니마저 다른 직무를 맡아 떠나고 없지 않은가. 여러 달 후에 다시 의붓언니의 돌봄을 받게 되었을 때 잔느의 신앙과 하나님에 대한 헌신은 한층 뚜렷해졌다.

아기 그리스도에게 봉헌된 제단이 있는 수도원의 작은 정원에서 잔느 마리는 다른 소녀들과 수녀들을 떠나 고요한 가운데 홀로 하나님을 만날 수 있는 조용한 장소를 찾아냈다. 매일 아침, 잔느는 개인적인 헌신을 위해 이곳을 찾아갔다. 손에 아침식사 쟁반을 들고 수도원 정원을 지나 자기 의무를 보고하러 가는 병사처럼 그 작은 제단으로 나아갔다. 몇 명의 수녀들이 제단으로 오고 가는 잔느를 목격하기는 했지만 아무도 그녀의 행동에 대해 묻지 않았다. 물론 수녀들은 이 소녀가 예수에 대한 자기의 사랑을 보이기 위해 헌신의 행위를 하러 그곳에 자주 드나든다는 사실을 알고 있었다. 그들은 잔느가 그토록 주 예수를 기쁘게 해드리고 싶어한다는 것을 알고 있었기 때문이다. 잔느는 기도하는 것을 사랑했고 이따금 무릎에 묵주를 놓고 손에 기도책을 쥔 채 몇 시간씩 기도하곤 했다. 또 자주 금식까지 함으로써 그렇게 병약하고 어린 신체에 무리가 갈 정도였다.

나중에 그 정원의 제단을 청소했을 때 잔느의 비밀스런 헌신행위가 다 밝혀졌고, 즉시 잔느는 금지를 당했다. 아기 그리스도 상 뒤에 전혀 손대지 않은 아침식사 음식이 그대로 쌓여져 있었기 때문이다. 잔느는 하나님의 사랑하는 아들에 대한 자기의 희생을 하나님께서 받아주시기를 원한다는 뜻에서 스스로 금식하며 음식을 상 뒤에다가 감춰놓았던 것이다. 잔느는 그토록 하늘나라에 합당한 자가 되기를 갈망했다. 수녀들은 그렇게 오래 금식할 필요가 없다고 아무리 알아듣게 설명을 해도 잔느는 자기 대로의 확신이 있었고, 그것을 굽히려 하지 않았다.

"오 나의 하나님이여! 당신은 저를 그냥 버려두셨습니다. 먼저 제가 당신을 떠났기 때문에 저는 끔찍한 구덩이에 빠졌고, 당신은 제가 영혼의 기도 속에서 당신께 다가갈 필요성을 느끼게 되기를 원하셨습니다.

먼저 제가 당신을 떠났기 때문에 당신은 저를 그냥 버려두셨습니다. 그러나 그렇게 제가 깊이 후회하도록 저를 버려두신 것은 당신의 거룩한 선함이셨습니다. 당신께 되돌아가고 싶은 열망으로 가득찼을 때 당신은 얼마나 빠른 속력으로 제 가슴에 오셨던지요 … 당신의 사랑과 자비에 대한 이 증거는 제게 당신의 선함과 저의 배은망덕의 영원한 증언입니다."

# 3

# 수녀원 안에서의 학교생활

　잠시 집에 돌아온 잔느 마리 보비에 드 라 모트는 수녀원 부속학교에서 어린 소녀시절을 이미 6년 간 보낸 상태였다. 지난 번 몽타르지의 집에서 보냈던 시간은 고통으로 가득찬 짧은 순간이었는데 이번도 예외는 아니다. 도미니크 수녀원 원장을 방문하고 오신 아버지가 잔느에게 미소를 짓고 잔느의 머리를 쓰다듬으며 "잔느 귀여운 것, 너를 이번 학기에는 도미니크 집에 보내야겠다"하고 말씀하셨을 때 열 살된 잔느 마리 외에는 아무도 놀라지 않았던 것이다.
　잔느 마리는 항상 건강이 시원찮았기 때문에 열이 자주 올라 정규 교육과정을 제대로 밟을 수가 없었다. 그리고 도미니크 집은 어린이들의 정규 교육기관이 아니라는 점 때문에 아버지는 그곳 원장에게 개인 지도와 오락, 관심 등을 써달라고 요청했고, 10세된 어린이가 신체적으로나 정신적으로 성숙한 소녀들과 함께 있음으로써 무언가 얻을 수 있기를 원했다.

"예 예 알았습니다. 라 모트씨, 당신의 귀중한 따님을 매우 주의해서 돌보겠습니다. 따님은 제 친딸같이 될 겁니다. 제가 직접 따님을 지도하겠어요. 잔느는 가장 잘 교육받은 어린이가 될 겁니다. 그렇게 되도록 하겠어요. 따님은 매순간 저와 함께 있을 겁니다. 가장 잘 돌봄을 받는 어린이가 될 거예요."

처음에는 이 작은 종교적인 공동체가 잔느 마리에게는 가장 가슴 설레는 생활을 허락했다. 어린아이에게 맞게 지어진 수녀복을 입고 목에 자유롭게 걸린 묵주를 돌리면서 잔느는 수녀원 주위며 정원, 식당을 드나드는 원장을 급히 뒤따랐다. 원장이 하는 대로 소녀들도 거의 계속 따라서 했다. 원장은 정말 진심으로 잔느에 대해 탄복했다.

원장의 개인지도 덕택에 이 지적인 어린이는 공부하는 데 빠른 진전을 보였다. 잔느는 다른 기숙생들과 같이 종교교육반에 들어갈 참이었고, 수녀원 성가대에서 매일 쉬운 성가곡을 연습했다. 앉고 서고 걷는, 본받을 만한 예절방식과 자비를 베풀고 기도를 하고 그리스도 생활이 요구하는 덕을 실천하는 법을 익혔다. 그런데 그때 뜻하지 않은 일이 발생했다. 수녀원 사업 때문에 원장은 온통 거기에 신경을 빼앗겼고, 드 라 모트 씨에게 한 자기의 약속을 이제 더 이상 지킬 수가 없게 되었던 것이다. 원장에게는 수녀원 사업만큼 중요한 것이 없었다.

이제 잔느 마리는 다른 나이 많은 소녀들과 같이 있게 되었고, 원장은 할 수 없이 잔느를 떼어놓고 잔느에게 소홀해지지 않을 수 없었다. 원장은 아이들의 쾌활함과 행복한 영혼을 좋아했지만 잔느 마리에게 했던 그런 개인지도는 할 수가 없었다. 그러나 그것은 어쩔 수 없는 일이었다.

수두를 앓기 시작한 잔느 마리는 자기 방에서 거의 3주간을 갇혀 눕게 되었다. 이 기간 동안 잔느는 음식을 날라다 주는 보조수녀 외에는 아무도 만나지 못했다. 그 수녀마저도 재빨리 가버리곤 했다. 다른 교사 수녀들과 보조 수녀들은 병든 어린이를 돌보는 것 외에도 할 일이 많았기 때문에 잔느의 상태에 신경쓸 여력이 없었던 것이다. 그리고 잔느가 앓는 무서운 수두병이 옮을까봐 두려워 아무도 가까이 오려고 하지 않았다.

이 격리된 기간 동안 잔느 마리는 다시 한번 더 하나님께 다가가기 시작했다. 굉장한 독서광이었던 소녀는 자기 방에 성경책이 있는 것을 보고 매우 기뻐했다. 거기서 무슨 일이 일어났는지 아무도 알지 못했다. 규칙대로라면 수녀원 학교의 소녀들은 만과기도 시간에 공식적으로 말씀을 봉독할 때 외에는 성경책에 손을 대지 않는 것이 원칙이었다. 무엇을 발견했겠는가! 격리기간 후반부 2주 동안에는 다른 책은 아예 손도 대지 않고 계속 성경만 읽으며 거의 낮시간을 보냈다. 성경을 깊이 심취해 읽었던 잔느는 긴 성경구절을 외울 수 있게 되었다. 이렇게 일찌감치 성경을 깊이 접했던 것이 후에 그녀의 인생을 헌신과 사랑으로 채울 수 있게 한 가장 커다란 원동력이 되었음은 두말할 나위가 없다.

도미니크 집에서 약 8개월을 보낸 후 잔느 마리는 다시 집으로 돌아왔다. 아마도 잔느의 아버지는 이제 잔느가 그다지 세심하게 돌보지 않아도 될 만큼 컸으므로 여러 면에서 착하고 너그러운 자기 아내가 이제 딸을 돌볼 수 있지 않을까 기대했던 것 같다. 하지만 얼마가지 않아서 상황은 전과 전혀 다르지 않다는 것이 분명해졌다. 잔느 마리는 자기가 할 수 있는 한 스스로 살아가지 않으면 안되었다. 어머니는 잔느에게 거의 관심이 없었고, 하인들도 의무적으로만 돌봐줄 뿐이었다.

가정에서 형제간의 경쟁심이 불협화음과 불화를 일으켰다. 드 라 모트 씨는 아이들 전부를 다 사랑했지만 특히 막내딸에 대해서는 안쓰러움과 동정심을 느꼈다. 형제들은 주말이나 휴일날 집에 돌아왔을 때만 겨우 잠깐 만날 수 있을 뿐이었다. 그렇기 때문에 아이들이 다투거나 집에 문제가 생긴다 해도 아버지는 거의 아는 것이 없었다.

잔느 마리는 아버지를 사랑하기는 했지만 어쩐지 아버지가 무서웠고 특히 그의 격한 성격이 그랬다. 그래서 말을 하지 않는 것이 더 낫다고 느껴졌다. 잔느는 집에서 어떤 불공정한 대우를 받거나 곤경에 빠져도 아무 말도 하지 않았다. 모두가 다 자기를 미워하는 것처럼 느껴졌다—어머니나 하인들, 남동생 … 의붓오빠마저도 집에 오면 잔느와 다투고 괴롭히는 것을 즐기려는 것 같았다.

잔느 마리는 어머니가 다른 형제들보다도 남동생을 가장 좋아하고 오직 남동생에게만 관심을 쏟는다고 투정했다. 질투와 시기심, 다툼이 점점 잔느의 가슴 속에서 자라갔고, 가족의 희생양과도 같은 자기의 힘겨운 역할을 감당하려고 발버둥쳐봤지만 번번이 실패했다. 잔느 마리의 말에 의하면, 남동생은 무엇이든지 자기 마음대로 했고, 나쁜 습관대로 즐겼다. 모든 사람들이 다 그 이기적인 요구에 너그럽게 응해줬던 것이다. 그 소년이 무슨 짓을 하든지 다 용서되었다. 이런 점이 잔느 마리를 화나게 했는데 자기는 남동생의 나쁜 장난 때문에 골탕을 먹으면서도 오히려 집안싸움의 장본인이라고 번번이 야단을 맞아야 했기 때문이다.

아직 12세가 채 되기 전, 잔느 마리는 처음으로 첫영성체 미사에 참여하겠다고 의사를 밝혔다. 물론 그 전에도 잔느는 하나님을 찾으려고 진지하게 노력을 하긴 했지만 자기 영적 필요에 대한 애증의 감정 때문에 오히려 이 종교적인 의식을 소홀히 했었다. 결론적으로 말하자면 수녀원 학교에서 배운 대로의 종교는 잔느를 축복하지 못했던 것이다. 이제 잔느는 하나님께 대한 또 다른 시도를 하겠다고 결정했다. 로마 카톨릭 교회에 대한 새로운 관심을 가지고 새출발을 하면서 주 예수 그리스도에 대한 믿음을 새롭게 하고 싶다고 희망했다. 성체가 그 답이라고 잔느는 생각했던 것이다.

자기의 사랑하는 딸이 영성체에 대한 갈망을 표현했을 때 아버지는 얼마나 기뻤던지. 믿음의 불길이 아직도 딸의 가슴 속에서 타오르고 있음을 확인했던 것이다. 수녀원 학교생활 동안 잔느 마리는 경건한 영혼의 외적인 인상이 어떤 것인지 이미 배워서 알고 있었다. 그러나 이제는 자기의 선한 의도와 나쁜 습성 사이에 있는 내적인 갈등을 의식하게 되었다. 잔느 마리는 자기의 영성의 필요에 대해서 가장 심각하게 생각하였다. 잔느는 몇 시간이고 성경을 읽고, 하나님의 평화를 발견하기 위해서 묵상도 하고 기도도 하였다. 아버지는 잔느가 이미 3년 반 동안 있었던 우르술린 신학교에서 선생 수녀 딸이 잔느 마리의 첫영성체 준비와 종교적인 헌신행위를 도와줄 수 있으리라 생각하고 잔느를 세 번째 그곳에 보냈다.

외붓언니의 돌봄을 받으며 잔느는 기도와 금식, 고해와 참회를 통해서 죄와 세속으로부터 벗어나려고 필사적인 노력을 여러 번 시도했다. 부활절이 되었을 때 잔느는 잘 준비된 것처럼 보였고, 처음으로 성체를 받았다. 그녀의 영혼은 복된 구세주를 영원히 가까이 모시기를 얼마나 갈망했던가! 하나님과 주 예수 그리스도에 대한 자기의 사랑을 표현하기로 결정하고 이제 자기의 남은 생에 대한 하나님의 뜻을 알기 위해서 그 이상을 갈망하게 되었다. 그분의 일을 위해 자기 자신 전부를 하나님께 드리겠다는 생각이 마구 솟구쳤다. 그때 잔느는 수녀가 되는 것 이상을 원했다. 전에 결코 느껴보지 못한 기쁨과 영적인 고양 의식이 잔느의 가슴과 영혼을 전부 사로잡았던 것이다.

그러나 잔느 마리는 오순절 주일이 지나서 신학교를 떠났다. 부활절 후 갓 7주쯤 되어 전보다 훨씬 더 영적 상태가 불행해졌던 것이다. 부활절 때 그토록 잔느를 사로잡았던 영적 기쁨이 어느덧 사라져 버렸다. 옛습관들과 실패, 신경질 내는 것이나 거짓말, 다툼을 포함해서 자질구레한 것들이 첫영성체 때 경험한 영적인 기쁨을 전부 빼앗았던 것이다. 어떻게 하면 좋은가? 하나님을 찾으려는 모든 노력이 다 헛된 것인가!

어떤 사람이 종교에 열심인가 아닌가는 사탄에게 하등의 문제가 되지 않는다. 이 면에서 사탄은 영리하다. 그러나 어떤 사람이 주님의 일에 자신 전부를 바칠 때 사탄은 화를 낸다. 아무런 주저없이 하나님의 뜻에 복종하겠다는 그리스도인의 결심만큼 사탄이 미워하는 것은 아무 것도 없다. 첫영성체의 부활절 때 잔느가 했던 것처럼 …

불행히도 잔느 마리는 이 회의적인 기간 후에 세속적인 길을 좇게 된다. 어린 시절의 모든 종교적인 단련과 수녀들과의 교제에도 불구하고 진정한 신앙이라고 불릴 만한 것을 얻지 못했던 것이다. 당시 1660년에도 세상은 현란하고 흥미로워 이 소녀를 유혹할 만한 것이 많았다. 12세밖에 되지 않았지만 자기 또래보다 키가 컸던 잔느 마리는 매우 성숙한 아름다움과 매혹이고 미묘한 여성티가 났다. 이 점이 잔느의 어머니를 한없이 기쁘게 했다. 마침내 드 라 모트 부인은 자기의 빼어난 딸에게서 만족스러움을 찾을 수 있었던 것이다. 자기 딸에게 가장 우아하고 세련된 옷을 입혀서 사교계나 공식적인 모임에 내보이는 것을 즐겼다. 잔느 마리는 어머니의 예절교육에 잘 응했고, 궁정을 드나드는 아가씨가 되었다.

미모와 생기있는 매력으로 잔느는 모든 파티에서 주목의 중심대상이 되었다. 잔느의 재치있는 화술은 모든 사람의 환성을 샀다. 세속적인 관심과 상층사회의 저속한 아름다움이 강하게 유혹해오면서 잔느의 영적인 목표와 종교적인 의무, 하나님에 대한 생각은 점점 뒷전으로 물러갔다.

여러 유능한 남성들이 잔느에게 청혼을 했다. 하지만 잔느의 아버지는 너무 어리다고 결혼을 승낙하지 않았다. 하루는 경건한, 젊은 선교사인 사촌, 드 토이시 씨가 몽타르지에 도착해 잠깐 잔느의 가족을 방문했다. 그는 코친차이나(인도차이나 남쪽 지방의 옛이름)로 부임하러 가는 도중이었다. 그때 마침 잔느 마리는 친구들과 산책하러 나가 그를 만나지 못했다. 나중에 그가 잠깐 방문했었다는 소식을 들었을 때 잔느는 하나님의 성령에 의해 심한 죄의식을 느꼈고, 후회감으로 힘이 빠졌다. 확실히 그 사촌의 헌신과 자기의 세속성 사이의 현저한 대조로 인해 갈등과 더불어 내부에서 신앙의 불씨가 약간 되살아났던 것이다. 죄책감이 부도덕처럼 잔느의 영혼을 할퀴고 괴롭혔다. 얼마나 자주 하나님의 부르심을 듣고도 순종하지 않았던가를 기억하면서 잔느는 가슴이 찢어지는 통한과 절망으로 절규했다.

나중에 이 시절을 회상하며 잔느는 이렇게 적고 있다; "오, 사랑의 하나님이여, 당신은 얼마나 자주 제 가슴 문을 두드리셨던가요! 오, 나의 하나님, 제가 어렸을 때 제 마음을 그토록 순전히 당신에게 드렸는데 왜 완전히 제 마음을 당신의 것으로 차지하지 않으셨나요? 그때 차지하셨다면 오, 왜 또 당신을 거스르게 내버려 두셨나요? 당신은 확실히 저의 가슴을 붙드실 만큼 강하십니다. 그러나 아마도 당신은 저를 제 자신에게 놔두시면서 저의 사악함의 깊이가 당신의 선하심의 업적이 되도록 제게 자비를 베푸셨음을 저로 하여금 보게 하시고 싶으셨던 것입니다."

다음날 아침 일찍, 고백실에서 고백성사를 했다; "신부님, 우리 가족에서 길을 잃은 사람은 저밖에 없지요? 아! 구원을 얻으려는 저의 필사적인 시도를 도와주세요. 하나님을 기쁘게 해드리지 못했으니 죄송스럽습니다! 참으로 회한이 들고 비통한 눈물을 흘리지 않을 수 없습니다!"

비통한 죄의식의 고백을 들은 신부는 잔느의 뒷사정을 잘 몰랐지만 부드럽게 잔느를 위로했다. 모든 죄에 대한 용서를 얻으려고 잔느는 자기가 지은 큰 죄 뿐만 아니라 아주 작은 죄까지도 일일이 열거했다. 구원에 대한 완전한 확신을 얻지는 못했지만 그래도 그때 잔느의 생애에 확연한 변화가 일어났다. 단 한 주간 사이에 그렇게 변했다는 사실이 잘 믿어지지 않을 정도였다. 잔느는 자기가 잘못을 범했다고 생각되는 사람들에게 용서를 청했다. 심지어 가정의 하인들에게도 사과를 했다. 잔느는 다시는 하나님의 뜻으로 알고 있는 것을 무시하고 자기의 뜻대로 살지 않겠다고 결심했다.

잔느는 다른 모든 활동을 멀리하고 기도와 금식, 경건서적을 읽는 데 몰두했다. 성 프란시스 드 살르의 작품인 『드 샹탈 부인의 생애』와 토마스 아 캠퍼스의 유명한 『그리스도를 본받아』는 잔느를 사로잡았고, 더욱 높은 경지의 경건심을 불러일으켰다. 이러한 신비적인 종교 작가들로부터 자기가 주 예수 그리스도와 하나가 될 수 있는 가능성을 보게 되었다.

자네 프랑스 드 샹탈 부인이 소유한 것과 같은 영적인 기도의 은사를 받으려고 시도하면서 잔느 마리는 드 샹탈 부인의 작품 속에 언급된 경건한 행위를 모방하기 시작했다. 잔느는 이 성스런 여인이 "주의 이름을 인처럼 너의 가슴에 새기라"는 성경 경구를 문자 그대로 지키려고 예수의 성스런 이름을 인두로 새겼다는 대목을 읽었다. 물론 잔느의 부모님은 그것에 찬성하지 않으실 것이다. 그러나 드 샹탈 부인을 깊이 존경하게 되면서 잔느 역시 그렇게 해야만 될 것 같았다. 이 욕구를 어떻게 하지 못해서 마침내 드 샹탈 부인의 경건한 행위를 모방할 방법을 찾아냈다. 잔느는 종이 한 장에다가 '예수'라는 글자를 크게 썼다. 그리고 실과 바늘을 가지고 자기 살, 네 곳에 그것을 대고 꿰매어 주님께 대한 고통스런 참회로서 옷 속에 숨겨두었다.

이것은 그후 잔느가 자신에게 계속적으로 가했던 자학과 고행의 시초에 불과했다. 내적인 죄를 근절시키기 위해 항상 애쓰면서 자기 몸과 영혼을 사탄의 덫에서 벗어나게 하려 했다. 그러나 이것은 잘못된 것이다. 우리는 로마 카톨릭 교회가 신도들에게 우리 본성을 스스로 규제할 것을 권장하고 장려했다는 사실을 기억해야만 한다. 또 많은 경건한 사람들은 자기 육체를 학대하면서 그것이 복된 구세주를 닮게 만드는 것이고, 주님의 고통을 나누는 것이라고 믿었다. 잔느 마리 보비에 드 라 모트처럼 부드럽고 예민한 사람이 자기가 그토록 존경하는 성스런 사람의 경건한 일생을 모방하려고 시도하는 것은 당연하다.

예수 그리스도, 그분이 직접 자기를 불렀다고 주장하면서 잔느 마리는 성 프란시스 드 살르의 규칙에 따라 수녀가 되겠다고 결심했다. 잔느 마리가 이 수녀원에 가겠다고 아버지께 허락을 요청했을 때 즉시 단호하게 "안돼!"라는 대답이 떨어졌다. 그러나 그 대답이 그다지 놀랄

만한 것은 아니었다. 비록 잔느가 교회에 대해 새로운 관심을 보여 흡족하기는 했지만 자기의 귀여운 딸이 그 엄격한 수녀원의 생활을 하다니 생각만 해도 싫었던 것이다. 아버지는 세상의 나날의 실존에서 동떨어진 울타리 벽 뒤의 수녀원보다는 세상에서 하나님의 뜻이 훨씬 더 잘 이루어질 수 있을 것 같다는 의견이셨다.

그러나 잔느 마리는 쉽사리 포기하지 않았다. 아버지가 자주 사업상 집을 떠나실 때마다 잔느는 아버지 모르게 근처에 있는 성 프란시스 드 살르 수녀원에 들어갈 궁리를 했다. 집에 돌아오셨을 때 아버지는 딸의 마음을 움직이기에는 너무 늦었다는 것을 알았다. 어머니 역시 아버지의 의견과 같으리라는 것을 너무나 잘 알았던 잔느는 어머니의 허락을 받을 길을 찾을 수가 없었다. 그러던 어느 날 밤에 잔느는 사건을 벌였다. 수녀원으로 도망쳐 자기를 받아달라고 애원했던 것이다. 하지만 문제만 일으킬 소지가 있다는 것을 깨달은 수녀들은 아버지의 허락서를 받지 않고서는 잔느를 받아줄 수 없다고 밝혔다. 그러면서도 잔느를 위로하기 위해 그 수녀원에 있던 잔느의 사촌을 방문해도 좋다는 특권을 허락했다. 그래서 결국 잔느는 수녀가 되지 못했다.

그 이듬해까지 하나님을 진지하게 찾던 잔느 마리는 다시 다른 것에 관심을 돌리기 시작했다. 잔느는 어느 경건한 젊은이와 사랑에 빠졌다. 그들은 서로 결혼하고 싶어했다. 그러나 문제가 하나 있었다. 그들은 사촌간이었던 것이다. 그러므로 잔느의 아버지는 결혼을 승낙하지 않았는데 그것은 잔느가 14세 밖에 안된 어린 소녀라는 이유에서라기보다는 친족간의 결혼이라 교황의 허락을 받기가 곤란하다는 이유에서였다.

일이 틀어져 실의에 빠진 잔느 마리는 완전히 좌절하여 이 세상에 홀로인 것처럼 느껴졌다. 잔느의 일생을 볼 때, 이 젊은이야말로 잔느 마리가 진실로 사랑했던 유일한 사람이었다는 것을 알 수 있다. 그들의 결혼계획이 무너지고 잔느는 그를 잊으려고 안간힘을 다했다. 언약이 깨짐으로써 입은 상처가 완전히 회복되었는지는 의심스럽다. 겉으로는 경건한 로마 카톨릭 교회가 요구하는 것을 행하는 엄격한 종교인의 모습을 지켰다. 잔느는 자기의 죄를 용서해 달라고 또 지옥의 형벌에서 영혼을 건져달라고 성인들과 예수의 어머니 동정녀 마리아에게 전심으로 기도했다. 고백성사도 자주 했고, 2주마다 가까운 본당에서 영성체도 했다. 그 동기는 종교적인 생활이기도 했지만 사실은 자꾸만 다시 타락하는 영혼의 문제 때문에 그렇게 매달렸던 것이다. 마음의 상처를 감추려고 잔느는 낭만적인 소설을 읽기 시작했고, 거울에 비친 자기 모습에 탄복하면서 헛되이 시간을 보내곤 했다. 그러나 아무것도, 아무리 스스로 활동하려고 해봐도 전혀 공허함을 채울 수가 없었다.

이따금 성령께서는 잔느에게 하나님의 사랑을 회상시키곤 했다. 그때 잔느는 자기가 한때 경험했던 구원의 기쁨을 기억해 냈다. 잔느는 자기가 한때 그렇게도 깊이 사랑했던 주님, 구세주 예수 그리스도와 올바른 관계가 회복되기를 얼마나 갈망했던가. 이 때문에 잔느는 자기의 생애에서 곧 발생할 소란스런 사건을 헤치고 나갈 용기를 얻었던 것이다.

"모든 것이 당신의 은혜이니 얼마나 기쁜지요. 내 마음이 가장 사랑하는 당신의 은혜와 사랑의 보석, 끝없는 부요함이여! 당신은 훌륭한 왕이 가난한 노예와 결혼하듯이—이 가난한 노예는 자기의 노예신분을 잊습니다—저를 다루셨습니다. 그 왕은 온갖 장식품으로 그녀를 꾸미어 그분의 눈에 맑은 날 떠오르는 태양처럼 그녀를 완전히 기쁘게 해주셨습니다. 그녀의 무지와 잘못된 교육이 남긴 과오와 나쁜 특성을 그분은 모두 용서하셨습니다. 당신께서 저를 이렇게 해주셨습니다. 저의 가난이 저의 부유함이 되었습니다. 또 제가 가장 약할 때 가장 강한 힘을 발견합니다. 저는 비탄에 잠겨 시도 짓고 노래도 불렀습니다. 고행도 해보았습니다. 그러나 그것들은 저의 가슴을 채우지 못했습니다. 그것들은 마치 불 위에 방울방울 떨어지는 물방울 같아서 오히려 불을 더 뜨겁게 타오르도록 부채질한 결과만을 낳았습니다.

제가 하나님과 제 자신을 바라보았을 때 저는 울음을 터뜨리지 않을 수 없었습니다. 오, 배은망덕한 악인에게 베풀어진 사랑의 놀라운 역사여! 어떤 것과도 비교할 수 없는 선에게 대항한 끔찍한 배은망덕이여!"

/ 4

## 청혼과 결혼

　모든 프랑스인들은 17세기의 루이 14세 절대왕정의 영향권 아래 있었다. 사실 프랑스의 역사에 "루이 14세의 세기"라고 불리우는 이 통치기간은 72년 간이나 지속되었고, 근대 유럽사에서 최장시간을 기록했다. 이 기간은 프랑스의 전 역사의 어떤 왕정보다도 가장 사치스럽고 무절제할 뿐만 아니라 가장 쾌락적이며 부패하고 방탕했음에 틀림없다. 왕의 무절제하고 세속적인 방탕 때문에 국가는 거의 파산 직전에 놓였다.
　루이 14세가 아버지(루이 13세)의 왕위를 계승했을 때, 그는 겨우 4세밖에 되지 않은 어린 소년이었다. 그의 어머니, 오스트리아의 안나가 1661년, 사악한 수석 수상 마자랭 추기경이 죽을 때까지 섭정을 하였다. 그때 루이 14세는 약 22세로서 자기가 수석 수상임을 공포하고 매우 거만하게 "국가는 바로 나다"—"내가 국가다!"라고 허풍을 떨었다. 그는 자기가 절대왕정의 시초자라며 스스로 위대한 루이스라고 불렀다. 이 사람은 전혀 헛된 두 가지 욕망을 가지고 있었다. 첫째는 프랑스를 위대하게 하는 것, 둘째는 자기 스스로가 국가의 위대함의 제1근원이 되는 것. 그가 행하는 모든 행위는 이 두 가지 목표에 의해서 맞물려 갔다.

왕이 있는 곳에는 보통 여왕이 있었다. 이때 여왕은 스페인의 마리 테레즈였는데 그들은 1660년에 결혼했다. 하지만 여러 가지 미스테리가 있었는데 특히 여왕보다도 더 왕을 사로잡았던 드 맹트농 부인과의 관계가 그러했다. 실상 루이왕은 여왕이 죽은 후 드 맹트농 부인과 비밀리에 결혼을 한 상태였다. 그 부인이 왕좌의 막강한 배후세력이었다.

왕좌의 권위를 둘러싸고 허례허식이 심해지자 왕은 최고급의 기술자들과 저명하고 영향력있는 사람들에게 직위를 주고, 전국에서 가장 유능하고 전망있는 기술자들을 자기 수하에 등용했다. 기념물들과 공공 작품들이 왕의 개인적인 야망을 기리는 등 아직 오지 않은 시대의 프랑스 문화와 예술, 문학에 대한 그의 감식력을 환호하는 거대한 동상들로 변했다. 왕의 거처와 궁정 소재지가 있었던 베르사이유에 궁전을 짓는 데는 아까운 것이 없었다. 거기에는 귀족들과 백작들, 상위계층의 아가씨들, 왕족들이 지구 유래상 본 적이 없을 만큼 호화롭게 살아갔다. 사실 그토록 많은 귀족들과 백작들이 왕궁에서 살았기 때문에 자기들의 소작인과는 아무런 접촉이 없었고, 따라서 프랑스는 토지소유주가 없는 나라가 되어버렸다. 루이 14세 왕정의 무절제함 때문에 프랑스는 이미 상당한 재정적인 문제를 안고 있었음에도 불구하고, 장본인 루이 14세왕의 모습 뒤에 그 위험한 상황이 숨겨졌다.

1663년 클로드 보비에 드 라 모트 가족은 몽타르지에서 파리로 이사를 왔다. 당시 파리는 17세기가 이룩한 과학과 문학의 총집산지였다.

광대한 관광물과 풍요로움, 상층계층과 유행하는 오락거리 등등 파리는 급변하는 세속적 쾌락추구의 도시였다. 우월함과 육욕적인 사회적 활동의 모든 과도함이 드 라 모트 부인을 만족시켰다. 그녀는 자기의 아름다운 10대 딸, 잔느 마리를 그런 유행하는 클럽에 가입시킬 수만 있다면 힘닿는 데까지 무엇이든지 하려고 애썼다. 아마 드 라 모트 씨의 지위와 계층이 파리로 이사오게 했을 것이다. 그렇다면 그것은 또한 그들 역시 루이 14세 왕정에 휘말려들게 되었음을 의미한다.

우아한 그리스의 모델처럼 또래보다 키가 훤칠하고 잘 빠진 15세의 잔느 마리, 반짝이는 맑은 눈, 넓은 이마, 고운 피부, 검은 머리, 둥그런 얼굴, 그녀는 정말 프랑스의 고전적인 미인이었다. 파리의 모든 것이 잔느의 허영심을 자극했고, 개인적인 자만심을 고조시켰다. 예술과 문화, 세련됨, 유행, 모든 사교술이 젊은 세대에게 마음껏 즐기게 했다. 어린아이였을 때 잔느 마리는 그리스도인의 길을 가려고 했었다. 이제는 매력적인 젊은 아가씨로서 사회적인 허영심과 자만스런 나비가 되어 주위 대도시에 흥분한 채 멀리 떠내려가고 있었다. 잔느 마리는 그런 우아한 분위기에 상당히 예민하게 영향을 받았고 이미 그 사회에 발을 들여놓고 있었다. 잔느는 정말 매력적이면서도 지적이어서 균형잡힌 미인이었다. 외모 뿐만 아니라 흥미로운 대화술에 능했기 때문에 베르사이유 궁전이나 파리에서 열리는 모든 파티에 초대를 받곤 했다.

몇 명의 젊은 구혼자들이 아름다운 딸과의 결혼을 허락해 달라고 잔느의 아버지에게 접근했다. 하지만 그들 모두 거절당했다. 그들 제안이 하나도 충분치 않았던 것이다. 아마 가계의 팽팽한 재정적인 위치 때문에 그는 자기 딸을 가장 영향력있고, 유효적절하게 유능한 사람에게만 결혼을 시키려고 했던 것 같다.

그녀의 아버지가 잔느의 신랑감으로 선택한 결정적 요인은 돈이었음이 분명하다. 후에 아버지는 잔느의 남편감으로 돈을 많이 벌어 성공한 자크 귀용 씨를 선택했는데 그는 프랑스의 내놓을 만한 집안 출신의 38세된 노총각이었다.

자크의 아버지와 보트르 씨는 브리아르 운하를 설계하여 건설했다. 그것은 루와르강과 세느강을 잇는 운하로서 프랑스에서 감행된 최초의 기획이었다. 완공할 때까지는 꽤 오랜 시간이 걸리긴 했지만, 이 거대한 기획을 완성했을 때 프랑스 정부는 이들에게 엄청난 돈을 지불했다. 이 돈으로 자크 귀용 씨는 다른 데 투자를 했고, 곧 부자가 되었다. 당시 수석 수상이었던 리슐리외 추기경은 귀용 씨에게 운하를 건설함으로써 정부에게 대단한 기여를 했다고 치하하는 상을 주었다. 그것은 후에 아들에게 물려주었던 드 샤스네 영주 귀족 직함이었다.

당시에는 가족끼리 주선이 되어 결혼하는 것이 통례였다. 자크 귀용 씨와 몇 번 접촉을 한 후 잔느의 부모님은 그의 제안을 받아들였다. 1664년 1월 28일 그들은 잔느에게 말해주지도 않고 결혼조항에 사인을 했다. 잔느는 무엇 때문인지도 잘 모르고 그저 부모님을 기쁘게 해 드리려고 급히 서류에 사인을 했었다.

대부분의 소녀들처럼 잔느 역시 결혼에 기대를 걸었다. 수도자가 되겠다는 꿈이 포기되면서 마음이 자연히 그렇게 기울어졌던 것이다. 잔느는 하얀 백마타고 오는 왕자님과 함께 행복하게 사는 꿈을 꾸었다. 그는 자기가 여태까지 겪어온 모든 문제와 괴로움을 해결해 줄 것이라고 믿었다. 대부분의 젊은 여성들에게 자크 귀용 씨는 매력적인 왕자님일지도 모른다. 하지만 이 남자와 결혼을 할 당사자, 잔느 마리에게는 귀용 씨가 전혀 그런 사람이 아니었고, 그녀가 결혼하고 싶어했던 부류의 사람이 아니었다. 그는 너무나 늙었다. 외모가 준수하지도 않았다. 더구나 둘 사이에 사랑이 있는 것도 아니다. 그런데 그가 많은 돈을 상속받았고, 소유물이 많고, 해마다 4만 리브르의 수입이 들어오고, 프랑스 사회에서 상당한 지위를 차지하고 … 이런 모든 것들이 무슨 소용이 있는가! 잔느 마리는 자크를 사랑하지 않았다. 하지만 결혼조약은 이미 맺어졌고 그것을 파기시킬 방법은 없었다.

사랑하지도 않는 남자와 결혼을 해야만 했던 잔느 마리는 상당히 진지하게 회개하는 마음으로 기도를 했다. "오 나의 하나님, 당신은 참으로 선하십니다. 지금까지 저를 참아주시고 감히 당신의 친구처럼 제가 당신께 기도할 수 있도록 허락하시니 말입니다. 저는 마치 당신이 저의 커다란 원수인 것처럼 당신을 거역했었습니다." 다가온 결혼에 대해서 하나님의 뜻이 어디에 있는지 알아보려고 시도하며 잔느는 제단에 엎드려 기도했다. 물론 양자택일없이 한 가지 선택밖에 없다는 것을 잔느는 알고 있었다. 자크 귀용 씨와 부모님 사이에 맺어진 결혼조약을 이행해야만 했다. 그 서류는 법적인 서류로서 효력을 발생했기 때문이다.

결혼식 3일 전, 그들은 서로 소개를 받았다. 그리고 1664년 3월 24일, 16세도 채 되지 않은 잔느 마리와 신부보다 22세나 더 많은 자크 귀용 씨가 성스런 결혼식을 통해서 하나가 되었다. 매우 멋진 결혼식에 이어서 굉장한 환호성과 축하객에 휩싸인 새신부는 무어라 표현할 수 없는 충격상태가 되어 거의 의식을 잃을 것만 같았다. 마음은 무거웠고, 슬픔과 실망, 좌절감으로 쓰러질 지경이었다. 이 결합 속에 사랑이 전혀 차지하지 못하고 있다는 사실이 매순간 떠올랐다. 단순히 자기의 신랑감을 골라준 아버지의 선택을 존중하기 위해서 잔느는 결혼에 응했던 것이다.

　하나님께 자기 전부를 바치고 싶었던 어릴 적의 욕망이 되살아나면서 이제 젊고 아름다운 귀용 부인이 된 잔느 마리는 결혼식날 쓰라린 눈물을 흘리면서 부르짖지 않을 수 없었던 것이다. "아! 나는 수녀가 되고 싶었는데 … 왜 나는 이런 세속적인 사람과 결혼을 하게 되었는가? 또 그토록 세속적인 목적으로 … ."

　남편이 잔느에게 마련해준 가정은 자기가 어렸을 때부터 꿈꾸어온 행복한 가정과 완전히 달랐다. 귀용 가의 문지방을 넘는 순간부터 자기가 생각했던 결혼과 남편, 자기의 위치가 시련 자체라는 것이 증명되었다. 이제 자기가 아버지라고 할 만큼 늙은 자크 귀용 씨의 부인이 되자 자기 친정집이 상대적으로 좀 평안해진 것을 깨달았다. 어쩌면 자기가 생각했던 것보다 사태가 더 악하지 않았는지도 모르겠다. 잔느 마리는 자기 어머니나 다른 아이들이 자기를 나쁘게 대했음에도 불구하고 용케도 너그럽고 우아하게 잘 자라나 천부적으로 아름다움과 교양을 갖추었다고 인정하지 않을 수 없었던 것이다.

　남편을 여의고 홀로 된 시어머니는 착하기는 했지만 질투와 소유욕이 상당히 강한 여자였다. 자기 아들에게 왔다가는 계속 그 집에 살면서 마치 자기 집인양 집안 살림을 관여하고 하인들을 다루었다. 늙은 귀용 부인은 자기 아들의 젊은 부인을 그 집의 여주인으로 인정하기를 거부했다. 그녀에게는 돈보다 중요한 것은 아무것도 없었다. 동전 한 닢도 그것이 마치 마지막 남은 돈인양 쓰는 데 벌벌 떨었고, 낭비하는 일은 절대 있을 수 없었다. 젊은 잔느 마리가 살아오면서 의식주나 그 밖의 필수품에 대해 고생을 해본 적이 없었기 때문에 그녀의 시어머니는 더욱 집안살림에 관여하려고 했던 것 같다.

잔느의 남편은 자기 어머니에게 완전히 매여 살았다. 그랬기 때문에 잔느는 이런 상황에 대해 불평을 할 수가 없었다. 그것이 치욕스럽고 아무리 어렵더라도 단지 남편을 흉내내는 법을 배워야만 했다.

자크 씨의 어머니나 하인들 모두 잔느 마리에게 고통을 주었다. 하인들은 시어머니를 좇아 잔느가 하는 모든 것을 나무라며 트집을 잡았고, 잔느의 가족을 조소했다. 대체로 잔느는 그들 농담의 주목거리였다. 처음에는 귀용 씨가 없을 때만 이런 일이 일어났다. 하지만 얼마되지 않아 자기 어머니에게 들볶인 남편까지도 남편을 기쁘게 해주려는 잔느의 노력을 언짢아했다. 남편도 잔느가 그런 가정상황에서 자기의 감정이나 의견을 표시할 기회를 주지 않았다. 인생은 그녀에게 있어 끔찍한 현실이었다.

이따금 귀용 부인은 자기가 이 세상에 속하지 않은 낯선 자처럼 느껴졌다. 후에 자서전에서 그녀는 자기를 "다른 세계의 자손"—오직 하나님에게만 속한—이라고 칭한다. 거기서 잔느는 자기의 좌절감을 이렇게 묘사한다; "부유한 상층의 사람과 결혼했지만 나는 나의 집에서, 내가 그렇게 되기를 기대하고 상상했던 자유인이 아니라 오직 종으로 전락한 나를 발견했을 뿐이다." 결혼생활이 혐오스럽긴 했지만 거기서 빠져나올 도리는 없었다. 귀용 가의 주위 환경이 너무도 견딜 수 없는 상태임을 확인하면서 잔느는 점점 더 자기 자신 속으로 깊이 침잠했다. 하나님의 보장과 위로가 얼마나 필요한지 심각하게 느끼기 시작한 것이 그 즈음 고독 속에서였다. 이러한 자각이 주 예수와의 연합에 대한 내적인 힘과 안정감을 증대시켰고, 잔느의 영혼 안에서 다시 한번 더 내적인 평화와 기쁨이 되살아났.

다시 둘만 살게 되었을 때 남편과 결혼으로 맺어질 때의 맹세처럼—

"좋을 때나 나쁠 때나, 부유할 때나 가난할 때나 병들었을 때나 건강했을 때나 죽을 때까지 … "— 잔느는 자기에게 친절히 대해주는 남편 자크에 대해 존경심을 갖게 되었다.

결혼한 지 4개월이 지났을 때 자크 씨가 만성병, 응혈증을 앓고 있다는 사실을 알았다. 이따금 자크 씨는 5, 6주씩 병석에 누워있어야 했고, 심지어 목다리와 지팡이가 필요했다. 이런 이유로 간호원 하녀를 두어 항상 옆에서 그를 돌보아야 했다.

첫아들, 아르망 자크 귀용은 1665년 결혼한 지 약 1년이 지났을 때 태어났는데 분만 직전 젊은 귀용 부인은 심하게 병을 앓았다. 얼마나 심했던지 부유한 귀용 가에 상속자를 남기지 못하고 죽게 될까봐 두려워하기까지 했다. 이런 비극이 생기지 않도록 하기 위해서 그녀의 시어머니는 자기의 산모 며느리에게 자기가 베풀 수 있는 최대의 관심과 주의를 기울이지 않을 수 없었다. 첫아들이 무사히 분만되었을 때 귀용 가에 최대의 경사가 벌어졌던 것은 물론이다.

이 아기는 귀용 부인의 인생에서 새로운 행복감과 의미를 부여했고, 부인은 그것을 남편과 공유했다. 추가된 가족성원에 대한 책임감 때문에 그녀는 참으로 행복했다. 또 분만중에서 살아날 수 있도록 자기에게 힘을 보장해준 주님께 참으로 충성스러워졌다. 아마 그때 그녀는 처음으로 행복하다고 말할 수 있는 그런 시간을 누렸다.

오직 고통을 통해서만 안다네,
인생의 진정한 의미.
영혼의 시련만이 보여준다네,
우리 사랑의 진실과 순수함을.
의심으로 사랑을 내가 버린다면

그것은 수치, 또한 철저한 비참함일세.
그러므로 참된 갈망으로 받는다오,
나의 구세주, 내게 지워주신 십자가.
멍에도, 시련도 없다면, 그것은 오히려 견딜 수 없네.
내가 짊어지고 겪는 수난, 그분의 거룩한 뜻이기에.
나의 **슬픔**을 선포하려네,
그분 이름에 합당한 사랑을.

# 5

## 시도기

　불행하게도 귀용 부인에게 항상 즐거운 시간만 지속된 것은 아니다. 남편의 불운한 투자로 막강한 손실을 입었다. 그러나 실제 그들 생활이 타격을 입은 것은 아니었고, 나중에 손실량을 회복하기는 했다. 그러나 시어머니는 가장 큰 충격을 받았다. 그녀는 모든 문제가 잔느 마리가 이 집안에 시집오면서부터 생겼다고 잔느를 비난했고, 잔느는 그 가족의 일원이 아닌양 사업의 실패도 잔느 탓으로 돌렸다.
　"네가 이 집에 오기 전에는 우리는 아무 탈도 없었어!" 시어머니는 한탄을 했다. "이 모든 불행은 너 때문이야. 네가 이 집의 저주거리야!"
　그 즈음 귀용부인의 의붓언니가 우르술린 신학교에서 죽었다는 사망 통고를 받았다. 상당한 실망과 충격을 받으면서도 잔느 마리는 그 수녀의 기도와 가르침을 회상했다. 자기의 세속성 때문에 성령의 감화로 죄책감을 느낀 잔느는 즉시 자기 길을 바꾸려고 각고의 노력을 기울이기 시작했다. 의붓언니는 잔느에게 좋은 영향을 주었고, 그것은 지속되었다.

삶을 정리하고 싶었던 귀용 부인은 개인적인 개심을 위해 계획을 세웠다. 자기 자신을 관찰하고 실제 개심되고 있는지 점검하기 위해서 보통 수도자들이 하는 것처럼 매일 일기를 썼다. 그러면서 그녀는 매주 자기의 과오를 낱낱이 기록했다. 또한 자기의 머리를 평범한 스타일로 바꾸기로 결심했다. 화장하는 것도 그만두고, 외모에 신경을 덜 썼다. 이제 거울을 보는 것도 뜸해졌고, 옷을 고르는 것이나 머리를 만지는 것도 하녀에게 맡겼다. 하녀가 옷입는 것을 도와주는 동안 귀용 부인은 신앙서적을 읽을 수 있었다. 그리하여 집안의 누구든지 우연히 가까이 있었던 사람들은 그 독서로부터 은혜를 입었다.

이러한 시도기 동안 귀용 부인은 하나님과의 관계를 새롭게 하기 위해 무던히 애를 썼다. 또 많은 그리스도인들이 영원한 생명을 향한 곧고 좁은 길로 나가도록 그녀를 도왔는데 그중에는 어느 독실한 아가씨와 선교사가 된 사촌, 어느 젊은 프란치스코회 수사가 있다. 그러나 그들은 모두 하나님이 쓰신 도구에 불과했다.

그 독실한 아가씨는 잔느의 아버지의 아파트 중 하나에 세들어 살았다. 어느날 방문을 마치고 집으로 돌아가는 귀용 부인과 대화를 하던 중 그 아가씨는 귀용 부인에게 부인이 아직 진정과 영으로 기도하는 올바른 법을 깨닫지 못했다고 말해주었다. 그리고 하나님과 정직하게 내적 교제를 경험하려면 이것을 깨달아야 한다고 … 그 아가씨는 자기가 행하는 모든 것에서 그리스도의 사랑과 하나님의 성령의 임재하심을 보여주고 있었다. 귀용 부인도 참으로 그런 평안과 그리스도와 같은 태도를 얻고 싶어했다. 그래서 자기도 경건하게 묵상을 하면서 그 아가씨를 흉내내보려고 애썼고, 성경공부와 긴 기도도 해보았다. 마침내 사실은 밝혀졌다; 무엇인가 더욱 견고한 것이 필요했던 것이다. 아무리 해보려고 발버둥쳤지만 자기는 그리스도와 같아질 수는 없었기 때문이다.

잔느의 선교사 사촌, 드 토이시 씨가 몇 달 후 극동지역에서 고향으로 돌아왔다. 잔느 마리는 그를 만나는 것이 참으로 기뻤다. 그 사람과는 그토록 혼란스러웠던 영적인 문제에 대해서 솔직하게 이야기할 수 있다는 생각이 들었다. 4년 전 그가 아버지 집을 방문했을 때 잔느는 그를 만나지 못했으면서도 상당한 영향을 받았었다. 이제 라 모트의 아파트에서 그 독실한 아가씨를 만난 데 이어 드 토이시 씨도 자기가 파리에 있는 동안 최선을 다해 잔느 마리의 구원을 위해서 함께 기도하며 돕겠다고 약속했다.

시간이 좀 흐른 어느 날, 하나님의 신성한 섭리처럼 어느 독실한 프란치스코 수사가 라 모트의 가정을 우연히 방문하게 되었다. 그는 하나님께서 자기의 발걸음을 그곳으로 인도하셨다고 느꼈고, 그래서 어떤 중요한 사람을 주님께로 인도하게 될 것이라고 생각했었다. 대신 그는 당시 두 번째 아이를 임신하고 있었던 귀용 부인을 소개받았다. 그때 그녀는 아버지의 병 때문에 친정집에 와 있었다. 확실히 그들의 만남은 주님의 섭리에 의한 것이었다 — 어떻게 그 수사가 왔을 때 귀용 부인이 친정집에 있었던가!

물론 그리스도교 신앙의 원리가 그들 대화의 주제였다. 그 수사는 귀용 부인에게 진정한 그리스도인처럼 강한 인상을 주었다. 후에 잔느가 영적인 문제에 대해서 조언을 얻으려고 그를 다시 만났을 때 일부러 다른 여자를 한 명 데리고 가서 그 여자를 기다리게 하고 개인적으로 이야기를 나누었다. 잔느는 하나님을 아는 데 얼마나 굶주렸던가! 하나님을 찾으려고 얼마나 발버둥쳤던가! 잔느는 자기가 기도와 성경 공부, 교회활동과 자선사업에 열중을 한다고 하는데도 자기가 한때 경험했던 영적인 기쁨을 발견할 수가 없다고 고백했다. 심지어 금욕적인 고행과 또 최근에 했던 일반적인 고백성사에 대해서도 털어놨다.

"당신의 노력은 헛된 것입니다, 부인. 당신은 영혼 안에서만 찾을 수 있는 것을 밖에서 찾으려고 했습니다. 당신의 마음으로 하나님을 찾으려고 노력하십시오. 그러면 하나님을 찾는 데 실패하지 않을 것입니다." 그 수사는 하나님의 실재성을 찾는 데 용기를 내라고 말하면서 다른 외적인 선한 행위를—귀용 부인이 그토록 헛되이 시도했던—통해서가 아니라 십자가에서 죽고, 다시 부활하신 예수 그리스도에 대한 단순한 믿음을 통해서 영혼의 구원을 얻으라고 충고해 주었다.

그 순간, 무엇인가 놀라운 것이 그녀의 내부에서 일어났다. 자기가 위로 추켜 올려지는 것같은 느낌을 받았다. 마치 거친 도시 위를 높이 표류하는 구름처럼 … 즉시 하나님께서 자기의 영혼을 만지셨다는 것을 깨달으면서 무엇인가 마음의 변화가 일어났다. 얼마나 고양된 기쁨과 영적인 자유로움이었던지! 자기가 느낀 그 고양감을 설명할 말을 찾을 수가 없었다. 마침내 귀하신 주 예수를 발견했고, 그분이 구세주가 되도록 자기가 그분을 허락했다는 사실을 깨달았다. 잔느는 밤에 잠을 이룰 수가 없었다. 후에 자서전을 통해 잔느는 이렇게 적고 있다; "오 나의 사랑, 자아에 남아있는 모든 것을 태우려고 타오르는 불처럼, 감미로운 기름처럼 흐르는 나의 하나님이여!"

그때부터 잔느에게 인생은 참으로 새로운 전망을 가져왔다. 그날은 1668년 7월 22일, 성 막달레나의 날이었다. 그날 하늘에 있는 천사들은 그토록 겸허하게 집에 돌아온 이 죄인을 얼마나 기뻐했을까! 영광스럽게도 새 이름이 기록되었다. 잔느 마리 보비에 드 라 모트 귀용 부인이라고!

회심한 날부터 귀용 부인은 결정되었다. "그렇다. 나는 전부 주님의 것이다. 이 세상에는 그 무엇이든 나의 기업이 없다." 몇 달 후 잔느는 프란치스코 수사에게 말했다. "저는 이 세상의 어떤 사랑하는 사람들이 자기의 대상물을 사랑하는 것보다도 훨씬 더 하나님을 사랑합니다." 그 독실한 아가씨와 잔느 마리의 선교사 사촌, 이 프란치스코의 수사가 잔느에게 보여주고 싶어했던 것이 마침내 실제로 실현되었던 것이다! 22세, 그러나 살아계신 하나님의 능력으로 거듭난 귀용 부인은 이제 하나님과 평화롭게 되었다! 죄가 모두 사해진 것이다! 주 안에서 누리는 행복이여!

나비처럼 펄럭이며 활동했었던 잔느 마리에게 기가 막힌 변화가 일어났다. 그녀의 내부에서 일어난 이 변화는 의심할 바 없이 성령의 역사로 말미암음이었다. 영적인 것들에 대한 이해력은 특출했다. 꿈도 아니고, 귀로나 눈으로 볼 수 없지만, 세상의 유혹을 이기게 하는 '작은 목소리'가 여전히 나지막이 들려왔다. 전적으로 주님의 것이 된다는 것은 귀용 가족의 적대적인 분위기에서는 그다지 쉽지 않았다. 그곳에서 항구적인 그리스도의 증인이 된다는 것은 아마 성인들에게도 어려운 일일 것이다. 확실히 귀용 부인은 태어날 때부디 싱인은 아니었다. 그러나 이제 그리스도 뒤에 숨겨진 자기의 인생을 제외하고 이 세상에서의 인생이란 그다지 즐거운 것이 아니었기 때문에 귀용 부인은 자기 자신을 "다른 세계의 자손"이라고 불렀다.

천성적이고 세속적인 생활에서 영적으로 거듭난 생활의 변화는 사람마다 다르다. 귀용 부인의 경우, 준비적 단계에서는 매우 완만하게 달라졌었는데, 이번에는 결정적으로 실제 눈에 확 띄게 변했던 것이다. 자신도 거의 인식할 수 없게 된 옛자아로부터 하나님의 성령으로 다시 태어났기 때문이다. 귀용 부인이 주 예수를 기꺼이 영원한 구원에 대한 희망과 보장으로 바라보았을 때 자만심과 음울함이 겸손과 찬송으로 바뀌었다.

잔느의 가족들과 친구들은 무슨 일이 일어났는지 이해를 못했다. 잔느가 갑자기 가끔 즐기던 춤과 파티 등 세속적인 오락거리를 전부 끊었기 때문이다. 돈과 귀족성, 대도시 파리를 거부하면서 새롭게 준엄한 길로 나아갔다. 잔느는 생활방식과 옷입는 것까지 수수하게 고치고, 생각하는 것, 개인적인 습관, 감정처리, 대화법 등 성령께서 원하시는 것을 이해하고, 그분이 원하시는 대로 순종하려고 애썼다. 그녀에게 복된 구세주는 실제적인 분이었고, 성경은 너무도 귀하며 성령은 참으로 가까이 계셨던 것이다! 어려운 상황이나 일에 부딪칠 때도 귀용 부인은 끊임없이 평안한 심령을 유지하려고 애썼다. 후회하게 될 말은 하지 않으려고 제어했고, 애써 보지 않으려고 자기의 내면 속으로 깊이 들어가면서 성경의 구절을 생각하고 떨리는 심령으로 조용히 하나님을 찬송했다.

문제의 배경에는 항상 험담하는 시어머니가 있었다. 그러나 이보다 더 견디기 힘든 것은 그녀의 남편이 자기 부인보다도 자기 어머니의 말을 더 잘 듣고 어머니의 충고대로 행동한다는 사실이다. 귀용 부인이 남편에 대해서 사랑을 느낀 적은 없지만 그래도 자기의 법적인 남편을 존중하고 존경했으며 기꺼이 그의 좋은 품성을 인정하기도 하였다. 그는 성격이 좋고 지적으로 뛰어난 사람이기에 지역사회에서 특출나게 존경받는 사업가였다. 그러나 그와 결혼했다는 사실은 잔느 마리에게 언제나 멍에였다.

겉으로 볼 때, 당시 귀용 씨는 잔느 마리에게 진정으로 우러나는 애정을 보여주었던 것 같다. 하지만 의무적으로 좋은 아내와 훌륭한 어머니가 되려고 애썼던 잔느로서 진정한 사랑이 없는 남편과 어찌 행복할 수가 있겠는가? 귀용 씨가 프랑스 사회의 귀족이고 아무리 부유한들 그들의 나이 차이와 육체적인 병, 그의 오만한 태도, 성미급함, 자기 어머니와의 지속적인 연결로 인해 받은 상처를 어떻게 치유해줄 수 있겠는가.

1668년 말엽 둘째 아들이, 그 이듬해에는 딸이 태어났다. 아이들이 이제 셋이 되자 귀용 부인은 아이들을 돌보고 가정살림을 하는 데 바빴다. 귀용 씨 부부는 결혼생활 12년 4개월 만에 모두 5명의 어린아이를 낳았던 셈이다.

귀용 부인이 거듭난 후 2년 동안 그녀는 다른 사람들이 자기를 어떻게 대하든지 오직 주님 안에서 기뻐하며 최상의 영적 상태를 누렸다. 시어머니의 조롱섞인 나쁜 대우와 집안 하인들의 조소를 받아들이는 것이 쉽지 않았다. 하지만 귀용 부인은 그것을 참는 법을 배웠다. 그때 친정 어머니가 죽었고, 잔느는 주님 외에는 아무에게도 자기의 고통을 보일 수 없는 고독 속에 남겨졌다. 어머니를 잃은 슬픔을 잊어보려고 전보다 더 자주 남편과 함께 오를레앙과 투렌느 등 사업여행을 떠나곤 했다. 마침내 자기 자신이 유혹의 대상으로부터 제외된 것이 아니라는 사실을 깨닫고, 그녀의 영혼은 얼마나 비탄에 잠겼던지! 자기의 옛생활이 여전히 나타나 자신을 괴롭히고 있었던 것이다.

이제 뒤로 미끄러질 것만 같은 두려움에 젖은 채 귀용 부인은 주님과 늘 가까이 동행하는 법과 어떻게 하면 승리하는 그리스도인의 생활을 할 수 있는가에 대해서 자기에게 지도해줄 수 있는 누군가를 찾기 시작했다. 그래서 집에 돌아오자마자 베네딕트 수녀원 원장으로 있던 가까운 친구며 영적인 조언자, 쥬느비에브 그랑제 수녀를 찾아갔다. 어떻게 하면 자기의 전존재를 주님께 헌신할 수 있는지 더욱 충분히 알고 싶어 하는 귀용 부인을 돕기 위해 그랑제 수녀는 자기의 영적 지도자요 신비가로 알려진 베르토트 씨를 소개해 주었다. 잔느는 이 경건한 사람이 자기를 도울 수 있기를 참으로 바랐다. 하지만 얼마 후 잔느 부인은 자기의 문제를 그 사람에게 털어놓는다는 것이 거의 불가능하다는 사실을 깨달았다. 오랫동안 거북한 침묵이 흘렀을 뿐 아무 진전도 없이 그들 만남은 진단으로만 끝났던 것이다.

파리에서의 무미건조한 시간 동안 귀용 부인은 기도하기 위해 유명한 노트르담 성당에 가서 어느 젊은 신부를 만났다. 낯설긴 했지만 그는 마치 자기를 알고 있는 것처럼 느껴졌다. 그는 부인에게 하나님에 관해서 충고를 했다.

"부인, 하나님께서는 단순히 용서받은 마음 뿐만 아니라 또한 거룩한 마음도 요구하십니다. 지옥으로부터 벗어나려면 용서받은 마음만으로는 충분하지 않다는 사실을 깨달으셔야 합니다. 하나님은 부인에게 그 이상의 것을 원하십니다. 하나님은 본성의 복종을 원하시고 마음의 청결을 요구하십니다. 그래야 당신은 그리스도인의 높은 경지로 고양될 수 있습니다."

그 신부의 충고가 마치 하나님의 성령의 증언같다고 느끼며 귀용 부인은 노트르담 성당에 들어갔다. 무엇인가 마음 속에서 일어나는 것을 감지하며 하나님께서 자기를 부르셨다는 것을 알았다. 귀용 부인은 집으로 돌아가며 자기 자신을 하나님의 뜻에 완전히 항복할 때까지 필요하다면 어떠한 희생이라도 감당하겠다고 마음먹었다. 이제는 유혹에 부딪칠 때, 하나님의 말씀과 매일매일 속에서의 하나님의 본질적인 능력과 힘이 자기에게 얼마나 필요한지를 알게 되었다.

"나는 선지자들이 말한 것을 깊이 확신하게 되었다." 그녀는 자서전에서 이렇게 쓰고 있다. "주님을 제외한 채, 도시의 유혹으로부터 자신을 지키고 깨어있으려 시도하는 것은 정말 헛된 일입니다. 제가 즉시 당신, 주님을 바라보았을 때 당신은 저의 충실한 보호자셨습니다. 당신은 모든 종류의 원수들로부터 제 자신을 끊임없이 지켜주십니다. 그러나 오호라! 제가 자신을 바라볼 때 저는 여기 붙었다 저기 붙었다 하는 아메바처럼 이 사람 저 사람에게 매달리는 가장 약한 존재가 되어 버립니다!"

1670년 가을에 일련의 병이 귀용 씨 가족 전체를 휩쓸었다. 먼저 남편이 응혈증으로 다시 침상에 누웠다. 다음에 작은 딸과 맏아들이 수두에 걸렸다. 마침내 귀용 부인까지도 병상에 눕게 되었다. 자서전에서 부인은 이 공포스런 병에 대해 자세히 기록하였디. 병을 앓던 마지막 기간 동인 그녀는 너무나 증상이 심해 자기가 죽을 것이라고 생각하며 병상에서 조용히 하나님께 찬미를 드렸다고 한다. 자기가 죽을 것을 알고 자기의 창조주께 돌아간다고 생각하니 말할 수 없는 영혼의 기쁨을 느꼈던 것이다.

그 모든 것에게는 나름대로의 목적이 있다고 강하게 믿었기 때문에 그녀는 하나님께서 자기를 낮추시려고 자기의 아름다운 얼굴에 수두의 흉터를 남기게 하셨다고 믿었다. 그러므로 얼굴의 마마자국을 하나님의 압도적인 현존의 또다른 징표로 받아들이고 외모에 전혀 신경을 쓰지 않을 수 있었다.

   진짜 고통은 그들 부부가 특별히 사랑했던 두 번째 아들에게 닥쳤는데 그 아들은 수두를 앓다가 끝내 죽었다. 그 아이는 이제 겨우 두 살이었다. 자크 씨는 아들의 죽음 때문에 상당한 실의에 빠졌지만 귀용 부인은 그것을 하나님의 뜻으로 받아들이며 이렇게 말했다; "주님께서 주셨으니 주님께서 데려가셨습니다. 그분의 거룩하신 이름을 영원히 축복할지어다!"

   1671년 7월에 바르나비트 수도회의 뛰어난 장상 프랑스와 라 콩브 신부가 귀용 부인의 의붓오빠 라 모트 신부의 소개서를 가지고 귀용가를 방문했다. 이 첫번째 방문 이후에 그를 다시 또 만날 수 있었는데 귀용 부인은 영적인 지도를 받을 수 있었고, 라 콩브 신부는 그녀의 박학한 성경지식과 하나님에 대한 깊은 깨달음에 강한 인상을 받았다. 라 콩브 신부는 곧 귀용 가의 영적 지도자가 되었고 그녀의 요청에 따라 남편과 부인 둘 다를 자주 방문하게 되었다. 여러 해 동안 그 신부는 아주 가까운 친구로 남아있었다.

   귀용 씨는 자기 부인이 자선사업에 힘쓰는 것을 허락하기는 했지만 그녀의 '열광적인' 종교적 행위에 조소를 보냈다. 이따금 교회활동에 너무 지나치게 열심이라고 활동을 제한하였고, 집에서 성경책도 읽지 못하게 하였다. 아무리 말려도 부인을 어떻게 할 수 없다는 것을 깨달은 귀용 씨는 화가 났고, 성질을 부리며 심지어 질투심까지 느꼈다.

   "뭐라고! 당신이 그렇게까지 하나님을 사랑해서 이제 더 이상 나를 사랑하지 않겠다는 말이요!" 자기의 목다리를 방에 던지면서 그는 소리를 질렀다.

   귀용 씨가 알던 모르던 그의 말은 사실이었다. 그들의 결혼이 상호적인 사랑에 기초한 것이 아니었기 때문에 그들 사이에는 의무감에서 나오는 어떤 인위적인 애정만이 있었다. 그녀의 영혼의 갈망은 신령과 진정으로 하나님을 예배하는 신앙에까지 도달했다. 말하자면, 귀용 부인은 그녀의 복된 구세주 주님과 이미 결혼한 상태라고 할 수 있을 정도였다.

  귀용 부인은 항상 자기의 거듭난 시간을 기억하며 기념했다. 7월 22일, 쥬느비에브 그랑제 수녀가 아주 특별한 방식으로— 주님과의 결혼조약에 사인함으로서—귀용 부인의 거듭남 4주년 기념일을 보내는 것이 어떻겠느냐고 제안하는 편지를 보내와서 그녀의 기념날을 한층 뜻 깊게 해주었다. 주 예수 그리스도와의 이 엄숙한 신비스런 결혼식은 그리스도의 신부로서의 진정한 교회에 관한 성경의 말씀에 근거했다; "어린 양의 혼인기약이 이르렀고, 그 아내가 예비하였으니 그에게 허락하사 빛나고 깨끗한 세마포를 입게 하셨은즉 이 세마포는 성도들의 옳은 행실이라"(계 19:7~8). 이 서류는 수녀들이 마지막으로 신앙을 고백할 때 하는 예식 봉헌행위와 비슷했다. 쥬느비에브 수녀가 지적한 희생의 제단에서 잔느의 뜻과 본능적인 욕망, 주 예수께 대한 헌신의 진지함이 사도 바울의 기도 속에서처럼 표출되었다; "주님, 당신은 제가 무엇을 하기를 원하십니까?"

  자기의 복된 구세주, 주님 예수와의 결혼조약을 제안받자 잔느는 그분의 지속적인 임재가 전에 상상적인 것이었던 것과는 달리 더욱 강하게 다가왔다. 그렇기에 가슴과 영혼 속에 울리는 기쁨의 종소리를 들으며 그 서류에 잔느 마리 보비에 드 라 모트 귀용 부인이라고 사인을 했다. 서류에는 이렇게 적혀있었다; "지금부터 저는 예수 그리스도를 저의 것으로 삼겠습니다. 그분을 저의 남편으로 받아들일 것을 약속합니다. 그리고 그분의 신부가 되기에는 합당치 않지만 제 자신을 그분께 드리겠습니다. 제 영과 성령과의 이 결혼 안에서 제가 그분과 같이 부드럽고 청결하며 아무것도 소유하지 않고 하나님의 뜻과 결합된 마음이기를 원합니다. 그리고 저는 그분의 것이기에 저는 어떤 유혹과 슬픔, 십자가, 그분께 대한 멸시를 제 결혼의 일부로서 받아들이겠습니다."

나의 가슴은 편안하고, 멍에는 가볍네.
하나님을 바라볼 때 나는 슬프지만 웃네.
비참해서 더욱 견디기 어려울 때
그분의 선함을 느끼고 그분을 더욱 사랑하게 된다네.
엄숙한 침묵이 주위를 지배할 때,
신앙과 사랑, 희망이 나의 영혼을 충만케 하네.
세상이 나를 버린 자로 취급할 때
형언할 수 없는 천사들의 기쁨을 나도 느낀다네.
당신의 잘못된 창조물들, 오 주권자 왕 하나님이여
당신은 이해받지 못하셨기에 사랑을 받지 못하셨습니다.
이것이 저를 가장 슬프게 하고,
헛된 추구가 기만합니다.
당신의 미소에도 불구하고 감사하지 않은 사람들을.
허약한 아름다움과 잘못된 존경심이 칭송을 받고
그동안 당신은 경멸당하고 당신의 말씀이 업신여김을 당합니다.
구세주의 슬픔이 무관심하게 스쳐 지나가고
파멸은 죽이려고 열광적으로 그들을 사냥합니다.

## 28세에 과부가 되다

귀용 부인이 자주 '사별의 시간' 혹은 '영혼의 비탄'이라고 부르던, 현저하게 특징적인 사건들은 1674년부터 시작되어 무려 6년 간이나 그녀를 엄청나게 괴롭혔다. 친정집에서 무슨 일이 벌어지든 부인은 아무 의문없이 받아들였었다. 1672년 7월에 친정 아버지가 죽었다. 친정 아버지의 부고 소식을 들었지만 집에 너무나 늦게 도착해 장례식은 끝난 상태였다. 또 그달에 3세된 딸이 뇌출혈로 죽었다. 그녀는 차남이 죽었을 때처럼 하나님의 뜻으로 잘 참아냈다. 그러나 불과 몇 달 후에 친구이자 영적 조언자였던 쥬느비에브 그랑제 수녀 역시 죽었던 것이다. 부인은 깊은 충격을 받았다. 이제 친정 부모님도 그랑제 수녀도 갔으니 괴로운 시기에 자기가 기댈 수 있는 사람이란 아무도 없게 되었다.

당시 귀용 부인은 영혼의 높은 산에서 추락함으로써 절망적인 영적 공허함에로 떨어졌다. 그녀의 정상적인 그리스도인 생활을 이루었던 기쁨과 내적인 평화가 완전히 사라져 버렸던 것이다. 주님과의 개인적인 관계도 비참하게 끊어진 것 같았다. 하나님을 섬기고 예수의 이름으로 다른 사람들을 도우면서 느끼던 행복감과 개인적인 만족감이 사라져 이제는 그런 일을 하면서도 하나님의 임재나 축복도 전혀 느낄 수가 없었다. 그녀는 마치 망망대해에서 지도 한 장 없이 오직 별빛을 따라 길을 헤매는 표류자 같았다.

혼란스런 이 절망의 경험으로부터 헤어나오기 위해 귀용 부인은 며칠간 성 시리스 수도원에서 피정을 하며 자기의 최근 사정을 이해할 것 같은 가르니에 수녀에게 조언을 구하려고 남편의 허락을 구했다.

성 시리스 수도원에서는 모든 사람들이 금욕과 고행의 방법을 시행하고 있었다. 당시 열성적인 사람들은 그러한 고행이 인간을 하나님과 더 밀접한 관계에 이르게 한다고 믿었다. 그러므로 그것은 죄사함을 얻고, 하나님으로부터 오는 영적인 힘과 특별한 은혜를 얻는 수단으로 여겨졌던 것이다. 자기의 영혼을 깨끗하게 하고 거룩한 생활에 이르러 그리스도의 합당한 제자가 되고 싶어한 사람들은 모두 그 방법을 이용했다.

귀용 부인 역시 세상과의 모든 연락관계를 끊으려고 스스로 갖가지 육체적인 금욕과 내핍생활을 시도했다. 죄로부터 완전한 사죄를 얻고 하나님께 자신을 전적으로 드리기 위해 필사적으로 몸부림쳤다. 자기 식대로 약간의 쥬스만을 마시면서 견딜 수 없을 정도로 긴 기간 동안 금식도 했다. 어깨와 팔, 다리 등 자기 신체부위를 회초리로 때려 피가 나오게까지 했고, 말털과 쐐기풀로 꼰 따가운 벨트를 차고 거들에다 못을 넣어 생살을 찌르게도 하며 무릎과 팔꿈치에다 뭉뚝한 금속덩어리를 채우기도 했다. 그러나 아무리 별별 것을 다 해봐도 그러한 자기

제어를 통해서는 영적인 것을 전혀 얻지 못했고, 결국 낙망한 채 성 시리스 수도원을 떠났다.

한때 맛본 그 기쁨은 어디에 있는가? 그녀는 이제 더이상 그리스도인이 아닐 수 있는가? 하나님께서 그녀를 버리셨을까? 왜 그녀의 구원은 올랐다 꺼지는 파도처럼 오르락내리락 하는 것일까? 귀용 부인은 스스로 생각했다. 그녀의 영혼을 단번에 전부 구원할 만큼 예수 그리스도의 은혜가 충분하지 않단 말인가?

이 여인의 첫번째 사랑은 하늘의 신랑 주 예수 그리스도였음에도 불구하고 부인은 여전히 자크 귀용 씨의 진실되고 충실한 부인이었다. 그가 만성병을 앓는 동안 귀용 부인은 진실한 애정과 동정으로 그를 간호했다. 그에게 항상 충실하던 부인은 그가 심한 고통 중에 있던 마지막 3주 반 동안 그의 곁을 거의 떠나지 않았다. 한 번은 그들 둘만 있었을 때 부인은 그의 침대 곁에 무릎을 꿇고, 둘의 결혼생활 동안 자기가 그를 기쁘게 해주지 못하고 잘못한 것이 있다면 전부 용서해 달라고 빌었다.

이 요청에 귀용 씨는 대답했다, "아니오! 아니오! 정말 당신에게 용서를 빌어야 할 사람은 나요. 나는 당신처럼 거룩한 사람을 받을 자격이 없는 사람이요."

마침내 귀용 씨 역시 자기의 부인이 어떤 사람인지 식별할 수 있게 되었고, 이제는 자기의 늙은 어머니나 간호원 하인보디도 자기 부인이 자기를 돌보아주는 것을 훨씬 좋아했다. 이러한 화해로 말미암아 그들 관계에서 확실히 결핍되었던 친밀감이 회복되었다. 그러나 귀용 씨의 요구 속에는 여전히 성미 급하고 비이성적인 기질이 남아 있었다.

점점 더 병세가 악화되고 고통이 심해지자 귀용 씨는 다가올 죽음에 대해서 하나님께 기도했다. 로마 카톨릭 교회의 종부성사를 참회하는 겸손한 마음으로 받은 후 다시는 회복할 수 없는 깊은 혼수상태에 빠졌다. 그는 1676년 7월 21일 아침에, 이제 28세된 과부 잔느 마리와 11세와 3세된 두 아들, 바로 몇 주 전에 태어난 어린 딸을 남긴 채 세상을 떠났다. 물론 재정적으로 그들은 많은 것을 물려받았다.

남편의 죽음에 대해 이미 대비를 했던 귀용 부인은 울지 않을 수 있었고, 이 죽음에 대해 한 마디도 입밖에 내지 않았다. 아무리 감정적으로 슬펐다 하더라도 그의 죽음은 여러 주 전부터 예상되었던 것이기에 그녀에게 충격은 아니었던 것이다. 다음날 그녀는 방문을 잠근 채 무릎을 꿇고 손에 묵주를 돌리며 기도를 했다. 그때 천국의 신랑 주 예수 그리스도의 모습 앞에서 예수님과 맺었던 자기의 결혼약속을 갱신하면서 순결도 맹세했다. 이 문제는 그녀의 영적 지도 신부가 허락을 해야겠지만 귀용 부인은 다시는 결혼하지 않겠다고 결심을 했다. 그러자 영혼의 저 깊숙한 곳으로부터 눈부신 행복한 기쁨이 솟아올랐다. 그런 행복감은 이제까지 한 번도 맛보지 못한 것이었다. 그녀는 마치 푸른 맑은 하늘의 구름 사이로 천사들이 찬사의 미소를 보내며 떠다니고 있는 것처럼 생각되었다.

"오, 하나님, 진실로 저는 당신의 종입니다." 귀용 부인은 외쳤다. "당신은 저를 결박했던 끈을 끊어주셨습니다. 그러니 당신께 감사의 봉헌물을 바치겠습니다. 그리고 주님의 이름으로 청하겠습니다." 자기의 약속에 충실한 귀용 부인은 자기 자신을 그리스도께 전적으로 속한 자로 여겼다. 이제 그녀는 자기의 인생을 오직 주님의 일을 하는 데만 쏟을 시기가 왔다는 것을 깨달았다. 하지만 그분의 부르심을 아무리 확신한다 하더라도 이제 28세의 젊고 부유한 미망인인 채로 즉시 주님을 따른다는 것이 무엇인가 자유롭지 못했다. 게다가 세 명의 아이들과 늙은 시어머니, 하인들, 또 떠맡고 있던 사업, 죽은 남편의 부동산, 이런 모든 것들을 우선 정리해야만 했다.

죽은 남편의 부동산을 관리하는 일은 복잡한 물품명세를 포함하여 대단히 어려운 일이었다. 많은 채무자와 거래처들을 만나야만 했다. 계약을 맺기 위해서도 사정평가 서류와 사업이율, 유증 등 많은 법적 서류와 보고서를 작성해야만 했다. 이런 모든 일은 시간을 필요로 했고, 그녀가 필요하다고 생각한 선을 훨씬 넘어섰다. 그녀는 건축사업에 대해서 거의 아는 바가 없었고, 또 관심을 가져본 적도 없었다. 그런데 그런 일이 아무 경험도 없는 그녀에게 떠맡겨진 상태였다. 하지만 그녀는 곧 이 무거운 문제들을 푸는 방법을 발견했다. 먼저 일에 대해서 하나님께 기도했다. 그리고서 법적 조문자와 상담을 했다. 그러자 놀랍게도 일이 풀어지는 것이 아닌가! 귀용 씨의 사업성격을 잘 알던 사람들은 그의 미망인이 얼마나 잘 효과있게 운영하는지 다들 놀라했다. 오랫동안 결정되지 못한 것들을 그녀가 주님의 도움으로 해결하자 모든 사람들이 만족해 했다.

그렇지만 사정은 쉽지 않았다. 남아있는 동안에 늙은 시어머니를 돌보는 문제를 해결해야 했다. 충실한 가정의 하인들에게 연금을 주어야 할 뿐만 아니라 유산도 여러 친척들에게 나누어 주어야만 했다. 죽은 남편의 간호원 하녀는 보수를 잘 받았고, 이제 일거리가 없게 되었는데도 아이들을 돌보면서 계속 그 집에 머물러있고 싶어했다. 그럼으로써 그녀는 계속해서 귀용 부인의 신경을 자극한 근원이 되었다. 귀용 부인은 시어머니와 화해해 보려고 시도했지만 그때마다 비참하게 실패했다. 지난 12년 간 그들은 또 다른 사람 때문에 항상 짝이 맞지 않았던 것이다. 이제 이 두 여인은 아이들과 가족 사업을 함께 돌보도록 남겨졌지만 그들의 관계는 냉랭함마저 감도는 한 지붕 아래서 각자의 존재를 그저 참아내는 것에 지나지 않았다.

남편이 죽은 후 1676~77년 겨울 약 6개월 동안 귀용 부인은 세 명의 아이들을 데리고 그 집을 떠나 이사를 갔다. 잠시 동안 그녀는 본가를 떠나 떨어져서 오직 미사와 고백성사에 참여하고 사업에 몰두했다. 그녀의 관심은 성경에 박식한 학생이 됨으로써 자기 삶에 대한 하나님의 뜻을 아는 데 그 초점을 두었다. 이미 성경의 지식욕이 엄청난 독서가였던 부인은 성경을 이해하는 데 도움이 되도록 로마 카톨릭 교회에서 승인한 책들을 공부하고 싶다고 느꼈다. 당시 대부분의 책들이 라틴어로 쓰여졌기 때문에 부인은 라틴어를 공부하기 시작했다. 당시 여자로서 그런 공부를 한다는 것은 어려운 일이었다. 매일 밤 촛불을 밝힌 채 공부를 하다가 눈이 침침하고 붉게 충혈된 때에야 늦게 잠자리에 들었다. 아침에는 아이들을 챙겨주고 잡일과 바느질, 정원일 등 집안일을 했다.

이런 일을 하는 가운데 부인은 진지하게 기도했다; "주님, 제가 무엇을 하기를 원하십니까?"

마음 깊숙한 곳으로부터 고통스럽고도 고뇌스런 목소리가 계속 울리는 듯했다: "제네바 … 제네바 … 제네바!"

"이것이 도대체 무슨 의미일까?" 가장 생생한 순간에도 귀용 부인은 의아했다. 제네바라는 도시의 이름만으로도 독실한 카톨릭 신자에게는 충격적이었던 것이다! 그중 대부분의 거민들은 로마 카톨릭교를 배반하고 마르틴 루터와 존 칼빈의 이교도적인 프로테스탄트 가르침을 받아들인 사람들이 아닌가. 확실히 귀용 부인은 자기가 그토록 사랑한 교회와 믿음을 떠나거나 버리지 않을 사람이었다.

그런데 왜! 그녀는 생각했다. 질책을 받기 위해서 나는 그렇게 변절한 믿음의 불경건한 도시로 가야 하는 것일까? 나는 천 개의 목숨이라도 기꺼이 바치고 싶은 나의 믿음과 교회를 떠나야만 하는 것일까?

이 문제는 그녀의 결단을 필요로 했다. 어떤 절차를 밟아야 할까? 그냥 까다로운 시어머니와 같이 살아야 하는 걸까? 다시 결혼을 해야 할까? 아니면 세상의 모든 일을 정리하고 수도원에 들어갈 것인가? 수도원에 가고 싶은 심정이 가장 강했다. 세상에 전염되지 않고 숨은 채 하나님을 섬기기에는 그곳이 가장 좋다고 생각되었기 때문이다. 게다가 자기는 이미 그리스도와 결혼계약을 맺어 최후의 맹세까지 하지 않았던가? 하지만 만약 수도생활을 시작했는데 그곳에서 하나님의 뜻을 발견하지 못한다면 어떻게 될까? 더구나 아이들과 영원히 헤어져야 할지도 모르는데 그렇다면 그 길이 아이들에게 좋은 것인지 의심스러웠다. 점점 더 생각할수록 그 방법을 받아들일 수가 없었다.

제네바에서 그다지 멀지 않은 토넌의 바르나비트 수도원 장상인 프링스와 라 콩브 신부는 귀용 씨가 살아있을 때 귀용 가를 자주 방문했었다. 라 콩브 신부와 귀용 부인 사이에는 영적인 친밀한 교제가 있었고, 부인은 베르토트 씨에게 지도를 받으면서도 라 콩브 신부를 자기의 지도 신부로 생각했다. 그녀를 위한 라 콩브 신부의 기도와 충고는 그녀가 그리스도에 대한 그토록 귀한 믿음을 얻는 데 도움이 됐었다. 이제는 이 중대한 결정을 내리는 데도 그의 도움이 필요했다.

귀용 부인은 1680년 7월 22일 자기 중생의 12번째 생일날 라 콩브 신부에게 편지를 썼다. 만일 편지가 제 때에 도착한다면, 그날 그도 부인을 위해서 기도를 할 것이 틀림없다. 그날 둘 다 금식을 하며 기도를 했다. 더 이상 침체되어 실망하지 않았던 귀용 부인은 당시 그 사별의 상황들이 견디기가 힘든 만큼 그런 시련을 통해서 영적인 승리에 이르렀다는 것을 깨달았던 것이다. 비로소 자기의 슬픔의 멍에가 가벼워진다는 것을 느꼈다. 말하자면 그녀의 영혼이 그리스도 예수 안에서 더 성숙한 영적 생명에 이르렀던 것이다.

이제 자기의 인생은 참으로 그리스도에 대한 믿음과 완전한 항복임을 확신한 귀용 부인은 매 발걸음마다 성령께서 빛 밝혀주시는 하나님의 뜻을 순종하면서 헌신적으로 내딛게 될 곧고 좁은 길을 보았다. 하나님께서 그녀에게 계시하시는 그리스도에 대한 믿음을 단련하는 동안은 그녀가 여전히 로마 카톨릭 교회에 충실했다. 지난 몇 년 간의 시련과 유혹들을 되돌아볼 때 그 시간 전체가 마치 축복의 계곡과 주님의 푸른 초장으로 이어지는 험난한 산들, 그 산을 굽이굽이 꿰뚫는 터널처럼 여겨졌다.

곧 가족의 의무로부터 자유롭게 될 것도 분명했다. 주 예수 그리스도와의 거룩한 결혼은 모든 것을 포기하고 그분이 원하는 것이라면 무엇이든지 하며 그분을 따를 것을 요구했다. 물론 아이들을 떠나 엄마의 애정도 없이 고아처럼 버려둔다는 것은 쉬운 일이 아니었다. 하지만 1680년 고백성사 때 처음 만났던 어떤 신부가 자기에게 했던 말을 지워버릴 수가 없었다; "하나님께서 무엇인가 부인에게 요구하신다는 것을 보여주셨다면, 부인이 그분의 뜻을 행하지 않고 피할 수 있는 길은 전혀 없다는 것을 아셔야 합니다. 그 뜻을 수행하기 위해서 설사 아이들을 떠나야만 한다 해도 말입니다. 희생이 필요합니다."

한 가지 확실한 것은 주님의 부르심에 응답한다는 것이 쉬운 일이 아니었다는 사실이다. 그럼에도 불구하고 그녀는 자기가 제네바로 가야 한다는 것을 알고 있었다. 그러한 상황을 인간의 눈으로 본다면, 주위의 많은 경건한 사람들이 그렇게 생각하듯이 자기도 자기 자신이 이상했던 것이다.

'내가 잘못 생각하는 것이 아닐까?' 그녀는 자기의 불확실한 미래에 대해 두려움을 느끼며 곰곰이 생각했다.

그토록 사랑했던 주 예수 그리스도와 교회와의 밀접한 관계 외에 귀용 부인에게 기쁨이 되었던 아이들이 이제 그녀의 인생에 있어 유일한 방해거리가 되었다. 기도하면서 결정을 얼마간 연기한 부인은 마침내 가계수입의 얼마에 대한 위임권과 둘째 아들을 시어머니에게 맡기고 떠나기로 결정했다. 큰 아들은 유능한 양부모 밑에서 그리스도교적인 가르침과 지도를 받을 수 있을 것 같았다. 이렇게 아들들 문제는 어느 정도 해결된 것 같았지만 어린 딸을 남겨두고 가는 것은 어쩐지 마음이 무거웠다. 그래서 딸은 데려가기로 결정했다.

앞길에 대한 초조함도 있고 다른 사람들의 눈에 자기가 너무도 바보스럽게 비춰지리라는 것도 잘 알았지만 그래도 그녀는 가야만 했다! 우선 부인은 제네바 공화국과 인접한 프랑스 지역, 뷔르퀸디로 가기로 결정했다. 알프스 산 아래 평온하게 안치된 그 작은 도시에서 비그리스도인들을 위해 일을 시작하기로 했다. 하지만 마음 속의 몇 가지 의문점들과 의구심을 풀기 위해서 귀용 부인은 어느 친절한 친구에게 자기의 계획에 대해서 상담을 하였다. 그러자 그는 제네바 노시로부터 남쪽 20마일 떨어진 사보이 공작령의 아네시에 거주하고 있는 제네바의 다랑톤 주교에게 자문을 구하는 것이 좋겠다고 긍정적인 제안을 하였다. 심지어 그는 부인을 위해서 다랑톤 주교에게 직접 이야기를 해 주겠다고까지 했다. 다랑톤 주교는 교회 사업차 당시 파리에 있다는 것을 알게 되었다. 그리하여 귀용 부인은 어렵지 않게 다랑톤 주교와 연락을 취할 수 있었다. 마침내 그녀는 교회의 결정적인 판단을 내릴 사람의 면전에 서게 된 것이다! 곧 그녀는 자기를 성가시게 괴롭혔던 모든 의구심에 대해 대답을 얻게 될 순간을 맞았다.

>배를 타고 멀리 항해하는 것이
>언젠가 저의 목적이었습니다.
>배의 측면을 오를 때
>조류에 사랑이 출렁거리고 있었습니다.
>"오라", 그분이 말씀하셨습니다. "올라가라―빨리 서두르라, 끝없이 넓은 곳
>으로 나아가라"
>어부들이 그곳에 많이 있었고
>각자 노심초사했습니다.
>노를 젓던 그들이 우리를 바라보다가
>별, 총총한 하늘에 눈을 고정시켰습니다.
>다른 사람들은 키를 잡고 방향을 잡습니다,
>이리저리 부는 강풍을 받으며.
>사랑은, 거룩한 능력의 공급으로
>갑자기 저의 용기를 시험했습니다.
>밤의 한 순간이었습니다.
>배와 하늘이 일순간 간 곳 없고
>제가 누운 차가운 파도 위에는
>저의 머무름만이 거칠게 떠다녔습니다.
>갑작스런 그분의 등돌림에

제가 화를 냈을까요?
바다에서
더이상 항해하지 않기를 바랐을까요?
아니—"나의 영혼은", 저는 외쳤습니다. "평온하다.
내가 죽는다 할지라도 나는 평온하다"라고.
다음날 속력이 빨라져 서둘렀을 때
저는 연약하여 버틸 힘도 잃었습니다.
수천 개의 무덤 속 입을 벌려 하품하며
끊임없이 쇄도해 오는 파도에 잡혀
저는 밑으로 꺼지고 납처럼 무겁게 잠겨 바다가 저의 머리 위를 닫아버렸습니다.
그러나 평온했고, 생명은 안전했습니다.
저는 그분이 몸을 돌리며 웃으시는 것을 보았습니다.
"친구여!" 그분이 외쳤습니다. "안녕!" 낮게 엎드려라,
폭풍을 휘몰아치게 하겠다;
봄에 돛대가 잔잔해질 때
너를 일으켜 다시 항해하게 하려마.
저는 놀라 그분을 보자,
그분은 날개를 펼치고 날아 사라지셨습니다.
저는 그분이 빨리 날아가시는 것을 보았고,
그분은 저의 고통스런 시선을 떠나셨습니다.
제가 사모하는 그분은 떠나셨고,
그분을 더 이상 찾는 것은 헛된 일이었습니다.
그때 저는 얼마나 두려워 떨었던지요!
저의 사랑이 사라졌을 때

"정녕 저를 버려두시렵니까?" 저는 외쳤습니다.
"이 굽이치는 파도 아래 삼켜지도록?"
그러나 그분의 귀에 들리지 않는 헛된 외침!
사랑은 가버리셨고, 듣지 않으셨습니다.
아! 돌아오십시오, 저를 사랑하여 주십시오.
저를 당신의 뜻에 복종시키십시오.
진노로 얼굴을 찌푸리시든, 은혜로 미소를 지으시든
그저 당신의 얼굴만이라도 보게 하여 주십시오!
악은 전혀 두려워할 것이 없습니다.
당신이 가까이 계신다면, 모든 것이 선하기 때문입니다.
그러나 당신은 저를 버려두셨습니다 — 잔인한 운명이여!
잃어버린 인생 속으로 저를 버리셨습니다.
제가 죄를 지었습니까? 오, 왜입니까? 말씀해 주십시오.
제게 말씀해 주십시오, 그리고 저의 죄를 용서해 주십시오!
제가 사모하는 왕, 주님이시여,
이제 더이상 당신의 얼굴을 뵈올 수 없습니까?
노하지 마십시오—저의 모든 것을
포기하고 당신의 뜻에 맡기겠습니다.
당신이 떠나셔서 저의 가슴이 찢어진다 해도
인정합니다.
당신이 영원히 가신다 해도
당신이 하시는 것은 모두 옳다는 것을.
이것이 바로 사랑이 의도한 것입니다.
이제 사랑은 더이상 범죄하지 않습니다.

제가 곧 어린아이가 되자마자
사랑이 제게 다시 돌아와 미소를 짓습니다.
신랑과 그분의 신부 사이에는
이제 결코 다툼이 일지 않습니다.

# 7

# 하나님의 일을 하러 제스로 가다

딱 맞는 모자와 붉은 정장을 품위있게 입고, 목에는 체인줄의 종교적인 메달을 걸고, 벨트 띠에는 십자가를 매단 다랑톤 주교가 위엄스럽고 엄숙한 분위기의 대기실을 들어섰다. 귀용 부인이 교회의 높은 지위의 사람들에게 하듯이 관례적인 예의를 갖추어 인사를 하자, 다랑톤 주교는 다정한 악수로 답례하였다.

"반갑습니다, 귀용 부인! 당신의 애덕 사업에 대해서 이야기를 많이 들었습니다. 훌륭하십니다, 부인!" 그는 말했다. "그런데 훌륭하신 부인께서 이렇게 놀라운 방문까지 해주시니 무슨 일이십니까?"

그의 일은 대부분 책과 서류와 관련되기는 하지만 지금 이 친절한 신사의 찬사는 그의 성격에서 나오는 것처럼 보였다.

"저는 사역하기를 원합니다. 제가 어떤 일을 하면 좋을지 제안해 주시겠습니까?" 귀용 부인은 자기가 하나님의 부르심을 받은 것과 자기가 상속받은 유산으로 어떤 종교기관이나 병원을 짓게 될지도 몰라 제네바 공화국과 국경을 접한 프랑스 지역 뷔르귄디로 갈까 한다는 계획에 대해서 자세히 설명한 뒤 그에게 물었다.

물론 자기 교구내 가난한 사람들의 복지문제에 상당히 신경을 썼던 다랑톤 주교로서는 귀용 부인같이 기꺼이 도우려고 하는 부유한 부인을 발견한 것이 기쁘지 않을 수 없었다. 이런 너그러운 헌금은 제네바 지역의 몇몇 지독한 빈곤자들의 상태를 도울 수 있을테니까 말이다. 또한 그는 교황으로부터 인정을 받으려는 욕망이 큰 사람이었다. 그는 자기 교구 내에 있는 무수한 프로테스탄트 그리스도교인들을 다시 로마 카톨릭인으로 개종시키기 위해서 갖은 수단을 다 쓰는 중이었다. 그러니 귀용 부인의 돈이 이 목표를 달성하는 데 유익할 것이라고 계산했던 것이다.

다랑톤 주교는 부인을 위해서 잠시 기도를 하고 십자가 성호를 그은 후 이렇게 말했다. "당신도 아시겠지만 나는 새로운 카톨릭 교리를 가르치기 위해서 여러 지역에 사역자들을 임명할 임무가 있습니다. 훌륭하신 부인, 당신은 제 기도에 대한 응답이십니다. 부인은 이런 사람들을 교육시킬 수 있습니다. 또한 부인은 너그럽게 헌금하심으로써 가난한 사람들도 도울 수 있습니다. 네, 저는 이것이 주님의 뜻이라고 믿습니다. 동의하신다면 부인은 제스로 가실 수 있습니다."

제스가 정확하게 제네바는 아니지만 그래도 귀용 부인은 참으로 감사했다. 제스는 제네바 공화국으로부터 북서 12마일 떨어진, 뷔르귄디 구역 내 남동쪽에 가까이 위치한 작은 도시였다.

"신부님이 제안하신 일을 한다면 정말 행복할 것입니다. 귀하신 신부님! 그것은 제가 주님을 섬길 수 있는 기회가 될 것이고―이것이야말로 제 생애에서 가장 원했던 것입니다." 귀용 부인은 답변했다.

다랑톤 주교의 한 가지 요구사항은 귀용 부인의 견해나 그것을 말로 표현할 때 교회의 언어와 교리에 맞추어서 삼가해 달라는 것이었다. 당시 국가의 종교법이 그것을 요구했는데 모든 사람들은 종교적인 언어나 견해표현을 극도로 조심스럽게 해야 했다. 이미 로마 카톨릭의 믿음으로부터 많은 탈선이 독일과 이탈리아, 스페인에서 일어났고, 프랑스에도 발판이 뻗어지고 있는 상황이었다. 이런 상황에서 다랑톤 주교는 귀용 부인을 자기 교구로 받아들였다. 하지만 왕과 탁월한 교황 어느 쪽에도 마찰을 일으키고 싶지 않았기에 이 부유한 부인의 '상당히 굳혀진' 평판이 조정하기에 너무 어렵지 않게 되기를 희망했다.

그와 헤어진 후 귀용 부인은 자기가 얻은 위로를 짧게 일기 속에 적고 있다; "오, 나의 하나님, 당신 안에서 모든 것을 발견했습니다. 모든 것 이상으로 발견했습니다! 지금 제가 소유한 평화는 너무도 거룩하고 표현할 수 없는 하늘의 것입니다. 몇 년 전 영적인 기쁨에 젖었을 때 제가 소유했던 것은 당신, 주시는 분 자체라기보다는 오히려 하나님의 선물 그것이었습니다. 그러나 지금 저는 당신의 뜻과 조화스럽고 단순히 위로 뿐만 아니라 위로의 하나님까지도 소유하고 있습니다. 이 진정한 평화는 저의 그 모든 고통을 겪을 만큼 가치있는 것입니다."

그녀의 행위에 관심을 쏟는 사람은 단지 다랑톤 주교만이 아니었다. 이미 교회 안의 많은 사람들이 귀용 부인을 강력하게 반대했다. 가장 열렬한 반대자는 그녀의 의붓오빠 라 모트 신부인데, 그는 자기 믿음의 변호자들과 루이 14세왕의 측근들을 동원해서 귀용 부인을 파리 안에서 조정하며 잡아두려고 부인을 위협했었다. 그는 프로테스탄트교도들의 피난처인 제네바를 경멸했기 때문에 부인의 제네바 행을 무모하고 위험스런 발상이라고 생각했다. 다랑톤 주교 역시 그렇게 생각하기 시작했지만 그녀의 막강한 헌금이 자기 손에서 빠져나가도록 할 수는 없었다. 그의 온 시선은 단지 그녀를 지키는 데 몰두했다.

라 모트 신부는 귀용 부인의 소명을 인정하고 그녀에게 제스에서 새 카톨릭에 관련된 일을 맡긴 다랑톤 주교의 결정에 불응하기까지 했다. 물론 그로서는 다랑톤 주교의 속마음을 알 길이 없었다. 사역에 대한 그녀의 소명을 의심했기 때문에 라 모트 신부는 자기의 누이가 단순한 평신도로서 교회일에 관여하는 것을 참을 수가 없었다. 그가 보기에 비전문적인 누이가 교회의 공식적인 임무에 관여할 아무런 이유가 없었던 것이다! 그는 어떻게든지 그녀의 관여를 멈추게 하고 싶었.

교회나 국가 양쪽에 잘못 보인 적이 있는 사람들은 즉시 체포되어 왕의 비밀스런 명령 아래 빈센느나 바스티유 감옥에 갇힌다는 것을 잘 알고 있었던 귀용 부인은 의붓오빠가 사용한 용어 '위험한 모험'을 곰곰이 생각해 보았다. 그리고 그가 언젠가 자기의 뜻을 성취하리라는 것을 전혀 의심하지 않았다. 후에 자기 자신을 "다른 세계의 자손"로 묘사한 그녀는 이제 33세의 미망인으로서 주님이 자기에게 무엇을 원하시는지 자세히 모른 채 다만 가슴에 하나님의 부르심과 하나님의 뜻을 행하고픈 강렬한 욕망을 품고 앞으로 나아가야 했다. 반대와 압력이 따라도 자기는 가야한다고 결정했다.

자기가 확실히 패배하게 될 그런 강력한 반대를 피하려는 노력 가운데 주의깊게 일을 살피면서 귀용 부인은 가까운 곳에서 역마차의 여행 좌석을 샀다. 그리고 의심을 피하기 위해서 대부분의 물건과 가구들을 시어머니와 다른 믿을 만한 친구들에게 맡기고 한 번 입을 수 있는 정도의 옷만 챙겼다. 가방 하나에 딸을 데리고, 1681년 7월 어느날 밤 배에 올랐다. 그 조그만 가방에는 몇 가지 개인 물품과 책 몇 권, 펜,

잉크, 종이 뿐이었다. 지갑에도 겨우 목적지에 닿을 수 있을 만큼의 돈 밖에 없었다. 동행자는 귀용 부인과 이제 막 호기심이 많을 때인 어린 딸, 가르니에 수녀라고 불리는 친구, 두 명의 충실한 하녀들, 이들이 전부였다.

배는 7월의 밤을 조용하고도 평화스럽게 천천히 거슬러 올라갔다. 숨이 막히게 더우면서도 신사적인 여름밤처럼 미풍이 불어 물가의 나무들이 위로라도 하는 듯 흔들거렸다. 그것은 배의 승무원들에게 신분이 들키지 않으려고 애쓰는 배 안의 긴장감도는 분위기와는 너무도 동떨어진 광경이었다. 아침에 어린 딸, 마리아 잔느 귀용은 강기슭에서 버드나무와 관목의 가지와 이파리를 꺾느라고 바빴다. 그리고서 마리아 잔느 귀용은 그 가지들로 십자가를 만들어 묶었다. "십자가 후에는, 엄마! 엄마는 면류관을 얻게 될거야." 자기 어머니의 머리 위에 나뭇잎과 풀로 된 면류관을 씌워주면서 어린 딸이 말했다.

귀용 부인이 하나님의 부르심의 확실성에 관한 징표를 기대한 때부터 부인은 자기 어린 딸의 행위와 말에 각별한 의미를 부여했고, 이 일을 미래의 사건을 예언하는 하나님의 뜻으로서 읽었다.

길을 가는 동안, 귀용 부인은 조용히 기도하고 다른 여인들과 찬송가를 부르면서 줄곧 주님과 대화를 나누며 시간을 보냈다. 대부분 여정의 발걸음은 어렵지 않았고, 밤에는 귀용 부인에게 호의를 아끼지 않는 다정한 사람들과 만나 같이 보낼 수 있었다. 파리에서 17마일 떨어진 코르베이에서, 귀용 부인은 자기의 개인적인 구세주 예수 그리스도를 영접하도록 자기를 위해 주님이 각별히 쓰셨던 프란치스코 수사를 만나려고 잠시 길을 멈추었다. 이제 영적인 일의 판단에 있어 훨씬 성숙하고 노숙해진 프란치스코 수사는 진심으로 그녀의 계획에 찬성했고, 그녀의 사역 위에 하나님의 축복이 임하도록 호소해마지 않았다.

부인의 친구 가르니에 수녀는 파리 남쪽 25마일의 멜륀에서 떠나갔다. 나머지 여인들은 아름다운 도시 리옹으로 가는 세 번째 마차를 탔다. 그곳은 파리의 남동쪽 240마일 지점으로서 론강과 사온느강의 합류지였다. 리옹과 샹베리를 마차로 여행한다는 것은 어려우면서도 대단히 위험한 일이었다. 이따금 승객들은 마차에서 내려 바위로 덮은 외길을 걸어가야만 했다. 한번은 마차가 망가져 버렸다. 어떤 한 도시에서 다른 도시까지 지날 때 그들은 길을 멈추고 공중여관에서 휴식을 취했다. 그리고나서 근교의 교회에 가서 식사시간이 될 때까지 예배를 보았고, 그 사이 어린 딸은 매우 거칠고 울퉁불퉁한 길을 여행하는 지루함으로부터 벗어날 수 있었다.

샹베리에 도착하기 전에 프랑스와 사보이 공작령의 경계선을 건넜다. 1681년 7월 21일, 그들은 다랑톤 주교의 거주지인 안네시에 도착했다. 그 다음날은 성 막달레나의 날로서 귀용 부인에게는 특별히 의미있는 날이었다. 13년 전의 성 막달레나의 날, 그녀는 놀라운 영적 거듭남을 체험했기 때문이다. 그리고나서 4년 후, 귀용 부인은 주 예수 그리스도와 결혼조약을 맺는 '헌신의 행위'에 사인함으로써 매우 진지한 방식으로 자기 자신을 주님께 바쳤었다. 그때부터 귀용 부인은 복된 구세주께서 호세아서의 아름답고 은혜로운 말씀 "내가 너희와 영원히 약혼을 할 것이다; 오냐, 내가 의와 심판과 사랑의 친절, 자비를 베풀어 너희와 약혼할 것이다. 나는 충실하게 너희와 약혼할 것이다. 그러면 저들이 내가 주인 것을 알게 되리라"를 말씀하시는 것을 항상 들을 수 있었다.

이 두 가지 일을 기념하기 위해서 다랑톤 주교는 성 프란시스 드 살르의 무덤에서 부인을 위해 미사를 하자고 말했다. 여기서 귀용 부인은 주 예수 그리스도께 대한 자기의 영적인 맹세를 갱신했다. 그날은 그들 두 사람 모두에게 얼마나 기쁘고도 행복한 시간이었던가!

북쪽 제네바까지 나아가며 여행자들은 프랑스 영사를 만나러 갔고, 미사에 참석도 했으며 그날 오후에는 바로 스위스 국경지대에 있는 프랑스의 작은 마을에 도착했다. 다음날, 그들은 제스에 도착했다. 제스는 프랑스 동부의 쥐라산맥 중 클로드 산 아래 위치한 도시였고, 제네바 도시에서는 약 12마일 밖에 떨어지지 않은 곳이었다.

하나님의 인도하심 외에는 다른 아무런 결정적인 계획 없이 귀용 부인은 어린 딸 또 두 명의 하녀들과 함께 애덕의 수녀들의 집에 잠정적으로 거처를 잡았다. 영혼 속에 있는 주님의 달콤한 임재하심으로 마음이 어찌나 평온하던지 귀용 부인은 마침내 하나님께서 자기가 있기를 바라셨던 그런 세계에 도착했다고 느꼈다. 오직 성령께서만 전달하실 수 있는 최상의 기쁨으로 행복을 누린 채 몇 시간 기도한 후 그의 풍요로운 축복을 영혼으로 마시며 하나님과 교통했다. 그것은 제스에서 앞으로 해야할 무거운 일을 준비하기 위해서 진정으로 영적인 신선함을 얻을 수 있는 시간이었다.

귀용 부인이 파리를 떠났다는 사실이 곧 밝혀졌다. 라 모트 신부는 그녀의 소재를 파악하는 데 지체할 수가 없었다. 아이들에 대한 부인 외 괸심을 의식해서 라 모트 신부는 귀용 부인에게 편지를 써서 시어머니가 건강이 나쁘다고 거짓말을 했다. 그렇게 씀으로써 귀용 부인에게 파리로 되돌아오라는 경고가 되기를 원했고, 그에게 무모한 모험으로 보이는 것을 포기하지 않는 한 감옥에 보내겠다고 말했다. 하지만 이 터무니없는 계획은 실패로 돌아갔다. 하나님의 부르심은 그녀의 마음 속에 너무도 확고했기 때문에 아무것도 그녀를 되돌이킬 수가 없었던 것이다.

그러던 어느날 제네바의 다랑톤 주교는 그녀가 파리를 떠난 후 영적 지도자 베르토트 씨가 병에 걸려 죽었다고 소식을 전해주러 왔다. 베르토트 씨도 그녀의 사역을 승인했었다. 그가 죽은 후, 그의 저작들이 출판되었는데 거기에는 귀용 부인과 영적인 문제에 대해서 서신연락했던 것들도 포함되었다. 이제 다랑톤 주교는 베르토트 씨 대신 귀용 부인의 영적 지도자가 될 사람을 지명해야 했다. 프랑스와 라 콩브 신부가 지명되었다. 라 콩브 신부는 이미 오래 전부터 귀용 가와 절친한 사이였고, 귀용 부인이 얼마나 주님을 섬기고 싶어하는지 잘 알고 있었기 때문에 이 결정에 대해 둘 다 기뻐했다. 그는 또 그녀의 견해, 영적 기도에 대한 생각과 묵상, 거듭남의 체험, 신앙인의 생애에 있어서의 성령과의 친밀감 등 귀용 부인을 너무나 잘 이해하고 있었다.

귀용 부인에게는 파리에서 제스까지의 여정이 매우 힘겨웠다. 너무도 극한 더위로 음식은 상하고 물은 변질된 데다가 일은 힘겨워 귀용 부인처럼 유복하고 세련된 부인이 익숙해지기가 힘든 상황이었다. 부인이 어찌나 심하게 앓았던지 거의 죽음의 문턱에까지 다달아 며칠 동안 혼수상태에 빠졌었다. 그래서 애덕의 집 수녀들이 라 콩브 신부에게 그녀의 임종 몇 시간 동안 그녀를 위로해주기 위해 급히 오라는 편지를 보냈다.

라 콩브 신부는 청빈의 서원을 했기 때문에 말이나 마차를 예약할 돈이 없었다. 자기의 사역에 충실하기 위해서 그는 밤새 걸으며 제스로 향했다. 귀용 부인의 방에 도착하자마자 부인의 뜨거운 이마를 짚어본 후 그녀의 회복을 위해 열렬히 기도했다. 잠시 후 그녀의 열이 정상으로 내렸다. 하나님께서 그의 기도에 응답하셨고 죽음으로부터 그녀를 다시 건지셨던 것이다! 이 기적적인 치유소식이 퍼져나간 지역에서는 기쁨과 경외감이 넘쳤다.

귀용 부인의 영적 지도자인 라 콩브 신부 외에도 그녀가 알고 있던 많은 신부들이 이 부인의 내적인 신비로운 체험을 이해하였다. 라 콩브 신부는 하나님의 뜻을 더 충분히 알 수 있도록 한번 더 기도해 보라고 충고를 했다. 하지만 귀용 부인은 대답했다; "하나님께서는 제가 가야 할 길을 보여주시는 데 실패하시지 않으십니다. 그분은 이미 한 손으로 그분의 명령을 하도록 저를 붙드셨고 다른 한 손으로 이미 알려진 그분의 명령을 수행하실 준비가 되셨습니다. 그러므로 저는 모든 것을 그분과 그분의 섭리에 맡깁니다. 그분, 주님이 이루실 것입니다."

귀용 부인이 라 콩브 신부와 함께 어린 딸을 방문하려고 사보이의 토넌에 갔을 때 또 한번 영적 깨달음의 시간을 얻었다. 딸은 당시 이 아름다운 호수의 고장에서 어떤 수녀들과 함께 지내고 있었다. 그들이 레만 호수를 건너고 있을 때 폭풍이 일어났다. 배가 거친 비에 거의 몇 빈이나 뒤집힐 뻔 했지만 목적지까지 안전하게 도착했다. 12일 동안 귀용 부인은 딸과 함께 지낼 수 있었다. 그러나 하나님께서 기적적인 초월적 방식으로 그녀에게 보여준 이 시간 동안 이 방문이 매우 깊고 영적인 성숙함을 위한 종교적 은둔기였음이 드러났다. 주님의 임재에 노출돼 채 귀용 부인은 그리스도와의 친밀한 관계를 새롭게 다졌고, 영원한 순결과 청빈, 순종을 맹세했으며 무엇이든지 주님의 뜻으로 밝혀지는 것은 아무 주저없이 전적으로 수행하겠다고 주님께 약속했다. 또 그녀는 교회의 권위에 순종할 것과 그녀의 약혼자 신랑으로서 주 예수 그리스도를 항상 영예롭게 할 것을 동의했다.

제스에 도착한 이래 완전히 몰두할 일을 찾았지만 그것만으로는 완전히 만족할 수가 없었다. 귀용 부인이 했던 일 중의 하나인 애덕의 이타적 행위를 보고 다랑톤 주교는 부인이 자기 교구내 가난한 사람들을 위해 일하는 것에 대해 개인적으로 깊이 감사한다는 편지를 보내왔다. 귀용 부인은 병자들에게 약을 발라주고 붕대도 싸매주며 그들을 보살피고 마음을 잡아주었다. 또 아이들에게 읽고 쓰는 법과 교리문답을 가르쳤다. 하지만 이것이 하나님께서 맡기신 사역은 아니라는 내적인 목소리를 계속 들어야 했다.

귀용 부인은 자기에게서 어떠한 사역이 맡겨졌고, 무엇인가 세상에 알려야 할 메시지가 있다고 확신하며 제스로 왔다. 그리스도인들에게 가르칠 그녀의 메시지는 예수 그리스도의 놀라운 사역을 통해서 얻어지는 의로움과 거룩함에 관한 교리였다. 이것은 거듭난 신앙인들이 죄사함과 거룩함의 하나님을 소유할 때 그들이 특별히 특권으로서 의로움과 거룩함을 얻게 된다는 사실 위에 근거한다. 그러나 그러한 사실을 로마 카톨릭 특히 성직자들은 공포와 놀라움으로 질색을 한다! 이것이 바로 개혁자 마르틴 루터가 로마 카톨릭 교회 당국에 의해서 판매된 면죄부와 고행에 반대해서 95개 조항의 반박문을 쓸 때 주장했던 그 내용이었기 때문이다. 경건한 로마 카톨릭인들에게는 이러한 종교적인 너그러움이 전혀 생각할 수조차 없는 지루하고 이교도적인 것처럼 여겨졌다. 오직 의식적인 준수와 경건과 고행의 행위, 명령된 예식과 교황의 법 등이 로마 카톨릭인들의 삶의 길을 특징지워준다. 그러므로 누구든지 이미 교회의 교리로 정착된 것과 조금이라도 다른 의견을 내면 눈이 번득이고 격렬한 반대의 화근을 일으키게 마련이다. 그곳 스위스 알프스의 발 아래서 성령께서 귀용 부인에게 계시해 주시는 대로 상냥한 목소리로 하나님의 말씀을 선포하는 부인의 메시지는 오히려 그토록 화려한 세계적인 도시, 부인이 이제 막 영적인 여행을 위해 떠나온 대도시 파리에서 상당한 반향을 일으켰다.

어떤 사람들은 그 진리를 믿고, 기뻐하였다. 어떤 사람들은 어떻게 감히 교회의 교리와 반대되는 것을 말할 수 있느냐고 귀용 부인을 비난했다. 또 어떤 사람들은 찬성하지는 않았지만 별로 비난하지 않았다. 귀용 부인을 잡아다가 일을 못하도록 해야 한다고 으름장을 놓으며 분개까지 하는 사람들도 있었다.

당시 한 사람만은 그 어느 때보다도 오히려 상황이 좋다고 말할 수 있었다. 즉 다랑톤 주교는 이 훌륭한 부인이 자기 지역의 자기 사람들을 위해서 일하고 있다는 사실을 알고 있었다. 그러면서도 다랑톤 주교는 성직자로서 귀용 부인이 가장 경건한 로마 카톨릭인들에게조차 권하고 제안하는 그 변칙적인 교리내용을 고발해야만 될 것 같은 의무감을 느꼈다. 귀용 부인은 어디를 가든지 우리의 모든 죄, 과거나 현재의 모든 죄를 사해주신 구세주로서의 예수를 성령의 힘으로 증거했고, 심지어 이미 예수에 대한 강한 믿음을 고백한 사람들에게조차 이런 사실을 증거했다. 귀용 부인은 거듭난 그리스도인들에게 하나님은 그분의 겸허한 증인이 되기를 원하는 모든 사람들에게 그분의 진리의 성령과 온유함, 친절함, 오랜 연단, 정결함, 거룩함을 주시기 원한다는 사실을 깨달으라고 강력히 설파했다. 이것이 다랑돈 주교가 공포한 진리의 내용이었는데, 그의 눈에는 그것이 너무도 변칙적인 것처럼 보여 귀용 부인을 (그녀가 스스로 자처한) 경건한 로마 카톨릭인이 아니라 이교도인이라고 딱지를 붙였던 것이다.

당시 누구든지 귀용 부인과 연줄이 있는 사람들은 그러한 변칙적인 견해를 가진 것이 아닌가 의심을 받았다. 그런 불행한 사람 중의 하나가 그녀의 영적 지도자, 프랑스와 라 콩브 신부였다. 라 콩브 신부 역시 만남의 초기에 그녀의 상담과 관심에 의해서 복된 성령과의 첫번째 만남을 경험했었다. 귀용 부인은 라 콩브 신부의 내적인 영적 성장과 그리스도인으로서의 성숙에 깊은 관심을 가져왔었다. 죄로부터 구원하고 신앙인들을 완전하게 성화시키는 예수 그리스도의 능력에 대한 같은 믿음으로 라 콩브 신부와 귀용 부인은 서로의 성화와 영적 성장을 위해서 기도했다. 두 사람의 입장이 뒤바뀌어 오히려 귀용 부인이 불행하게도 지친 이 사제를 상담해 주어야 할 상황이 벌어지곤 했다. 후에 이 두 사람은 거친 비난과 반대 속에서 만나고 심지어 투옥되기까지 하는데 그것은 라 콩브 신부와 귀용 부인과의 일치, 장상들의 하찮은 명령을 능가하는 하나님께 대한 그들의 내적이고도 친밀한 사랑 때문이었다.

그때까지 라 콩브 신부는 그리스도를 우리의 거룩하게 하시는 자로서 믿을 때 그 믿음으로 거룩해질 수 있다는 것을(고행을 통해서가 아니라) 이성적으로 받아들였지만 여전히 주님과의 진정한 교제의 내적 외적 증거로서 어떤 감정적인 느낌에 상당히 의존하고 있었다. 이 정직하고 진지한 사제면서 사려깊은 성경학자인 그로서 홀로 믿음의 길을 걷는다는 것이 얼마나 어려웠겠는가! 영적인 것은 항상 합리적으로 설명될 수 없다는 것을 잘 알면서도 이 라 콩브 신부는 계속해서 인간의 논리와 이성을 만족시킬 수 있는 무엇인가를 찾아헤맸다. 그 당시, 이 하나님의 복받은 지성인에게는 자아의 부인과 그것에 대한 믿음이 너무도 단순하게 여겨졌던 것이다.

주 예수 그리스도 안에서 진정으로 거룩하게 되고 지고한 영적 성숙에 도달하기 위해서는 자아에 대해서 죽어야만 하며 그러면 완전히 하나님의 사랑에 둘러싸이게 되고 모든 축복은 하나님의 은혜와 자비에 달려있다고 귀용 부인은 가르쳤다. 라 콩브 신부가 영적으로 성장하자 귀용 부인의 믿음과 기도, 거룩함에 대한 설명을 정직하게 받아들였다. 그의 영혼은 그렇게 오랫동안 신부생활을 위해 공부하고 복음을 설교하고 자기 구역의 사람들을 위해 사역했던 그 어느 때보다도 더 하나님의 뜻을 전하고 싶은 갈망이 일었다.

다랑톤 주교가 귀용 부인을 이교도라고 고발한 후에 이제는 라 콩브 신부에게 덫을 놓아 스스로 걸려들게 했다. 이 비겁한 일을 시도하기 위해 다랑톤 주교는 라 콩브 신부를 초청해 자기 본당에서 설교를 하게 했다. 라 콩브 신부의 설교는 시편 45:13, "왕의 딸이 궁중에서 모든 영화를 누리니 그 옷은 금으로 수놓았도다 … "였다. 이 설교에서 그는 왕이 주 예수 그리스도이며 왕의 딸은 하늘로부터 거듭난 성도들로서 주님의 신부인 한 집단 전체를 의미한다고 설명했다. 그러면서 라 콩브 신부는 의무적인 예배참여, 의식, 고행의 종교적인 행위와 하나님의 성령이 일 순수한 사랑과 거룩함으로 마치 추운 겨울날의 따뜻한 한 컵의 음료처럼 신앙인의 영혼을 감싸고 느끼게 하는—의 차이점을 강조했다.

물론 다랑톤 주교는 라 콩브 신부의 설교가 변칙적인 교리와 해석의 오해로 가득찼다고 선언했다. 라 콩브 신부 설교의 이교도적인 특성을 서류로 기록하면서 다랑톤 주교는 로마 교회 당국이 지금 자기가 라 콩브 신부에 대해 작성한 8개의 조항에 대해 이교도적이라는 결정적 판결을 내려줄 것이라고 확신했다. 하지만 자기가 기대한 판결을 결코 받을 수 없었기 때문에 그는 근대의 종교적 세계의 법에 대해서 의아심을 품으며 놀라워했다.

　다랑톤 주교는 라 콩브 신부의 잘못된 교리가 귀용 부인 때문이라고 확신했다. 이 부유한 부인을 자기 교구로 오라고 자기가 승인하기는 했지만, 그녀가 그런 교리를 그토록 열정적으로 가르치리라고는 전혀 생각지 못했다. 그러므로 당연히 그는 자기 교구 내의 어디서나 그런 색다른 견해를 퍼뜨린 것에 대해 귀용 부인을 비난했다. 이것은 즉시 금지되어야만 했다. 하지만 정확히 어떻게 해야 할지 몰라 딜레마에 빠졌고, 마침내 어떤 젊은 신부가 완벽하게 보이는 해결책을 가지고 왔다.

　이 젊은 신부는 귀용 부인의 하녀 중 한 명과 내통하고 있었다. 그는 다랑톤 주교에게 접근하여 귀용 부인의 길을 막으면서도 여전히 그녀의 상속제물을 교회에 이용할 수 있는 방법을 일러주었다. 귀용 부인이 청빈서원을 했으므로 그녀가 원장이 될 수도 있는 그런 수도원에 돈을 기증하게 함으로써 그 연중 수입이 얼마나 되는지 계산해 보라고 다랑톤 주교에게 제안을 했다. 이 교묘한 계획을 들은 다랑톤 주교는 즉시 귀용 부인에게로 갔다. 그는 귀용 부인에게 부인이 제스에 있는 종교단체의 원장이 되면 주님과의 개인적인 약속이나 능력발휘도 할 수 있고 또한 부인의 돈을 유용하게 쓸 수 있는 계기가 될 것이라고 설득시키는 데 최선을 다했다. 하지만 귀용 부인이 그런 이야기를 들을 리가 만무하다.

　귀용 부인은 자기가 한 번도 수녀가 된 적이 없기 때문에 원장이 될 자격이 없다고 느꼈다. 더구나 자기가 만일 제스에서 그런 자리에 앉는다면 스스로 하나님의 궁극적인 계획을 반대하는 것이라는 사실을 알고 있었다. 그렇기에 다랑톤 주교가 열렬하게 권하는 제안을 거부했던 것이다.

그녀의 거부에 전혀 만족할 수 없었던 다랑톤 주교는 라 콩브 신부의 도움을 구하러 그에게 갔다. 라 콩브 신부는 귀용 부인으로 하여금 다랑톤 주교의 제안을 받아들이라고 강요할 권리가 있었던 것이다. 다랑톤 주교의 속셈은 라 콩브 신부로 하여금 귀용 부인에게 그것을 하라고 설득시키면 자기로서는 그녀가 이미 서원한 청빈과 순종을 그녀에게 상기시키기만 하면 된다고 생각했다. 그러나 라 콩브 신부는 다랑톤 주교의 이 제안 배후에 숨어있는 계략을 벌써 읽어냈다. 그는 양심상 다른 사람에게 그런 무리한 요구를 강요함으로써 부적당한 이득을 취하게 할 수는 없었다. 돕기를 거절하는 라 콩브 신부에게 다랑톤 주교는 그를 실추시키고 제명시키겠다고 위협했다. 하지만 라 콩브 신부는 여전히 똑바로 서서 말했다; "신부님, 제명시키는 고난 뿐만 아니라 제 양심에 어긋나는 행위를 하느니 차라리 죽을 각오까지 되어있습니다." 라 콩브 신부는 주교와 있었던 일을 귀용 부인에게 알려주면서 무엇을 할 지 부인 스스로 결정하도록 허락했다.

장난감을 가지고 노는 어린 소년처럼 반응하며 다랑톤 주교는 즉시 귀용 부인에게 자기 교구를 떠나라고 명령했다! 이런 모든 일에 몹시 화가 나고 마음이 상한 다랑톤 주교는 귀용 부인에 대해 자기의 권위를 사용하기를 거부함으로써 불복종의 용어를 쓴 라 콩브 신부를 결코 용서하지 않았다. 아마도 다랑톤 주교는 이 여인의 극도로 섬세한 능력과 영향력에 대해 질투를 느꼈던 것 같다. 아니면 그의 죄나 교만한 태도가 이 여인으로부터 오는 영적인 깨달음을 받아들이지 못하게 했을 것이다. 당시 그에게는 귀용 부인의 종교적인 견해와 라 콩브 신부의 견해가 정통적인 로마 카톨릭보다는 프로테스탄티즘에 가까와 진리에서 벗어난 것처럼 비쳐졌다. 그들에게 반대하는 다랑톤 주교의 입장은 더욱 확고해지고 담대해졌다. 확실히 귀용 부인의 의붓오빠를 비롯해서 다른 성직자들은 그들에 대한 반대를 이제 공공연하게 할 수 있게 되었다.

 그러나 귀용 부인은 성령을 소유하는 것과 예수 그리스도의 피에 대한 믿음으로 거룩하게 된다는 것, 영 안에서 하나님과 즉시 하나되어 같이 산다는 것이 얼마나 중요한지 철저히 확신하고 있었기 때문에 다른 사람들에게 구세주의 부활에 대한 복된 소식을 전하지 않을 수가 없었다. 특별히 교회의 권위와 대립되는 것은 그녀의 가르침이 예배의 의식적인 형식과 진정한 영적 실재성의 차이점, 또 모든 그리스도인들이 스스로 성경을 읽어야 할 필요성에 대해 강조를 하고 있다는 사실이다. 귀를 기울이는 사람을 만나기만 하면 누구에게든지 기존 교회의 가르침과 다른 이 관점을 열렬히 설명했다. 다랑톤 주교 역시 그것을 들었던 사람 중의 한 사람으로서 나중에 심문을 하기 전에 귀용 부인이 이교도라고 주장하며 자기가 들었던 부인의 말을 이용했다.

 이제부터 귀용 부인은 또 다른 시련에 부딪쳤다. 당장 발등에 불이 떨어졌다. 로마 카톨릭 교회 안에서, 그러나 로마 카톨릭을 위해서가 아니라 다만 그 안에서 귀용 부인은 주님을 위해서 일했고, 또 너그럽게 교회에 헌금을 해왔다. 개인적인 부자유함과 공격을 받으면서 부인은 자기 자신을 '다른 세계의 자손'이라고 정확하게 묘사했다. 주님의 첫 사도들처럼 이 부인 역시 성령을 받았고, 복음을 전하러 갔으며 예수께서 창조주를 추구하는 영혼을 구원하시고 치유하시고 만족하게 하신다는 복음을 설파했다. 이 모든 것에도 불구하고 귀용 부인은 자기가 충실한 로마 카톨릭인이라고 주장했으며, 주님의 부르심과 주님의 교회를 결코 버리려 하지 않았다.

당시 종교적인 일에 관한 부인의 가르침과 견해는 다랑톤 주교에 의해서 이교적이라고 하여 공공연하게 거절당하는 상황이 되었다. 동시에 그녀의 성격과 도덕성 역시 거짓말과 중상모략에 의해 공격 대상이 되었다.

자기 자신과 라 콩브 신부를 더이상 곤경에 빠뜨리지 않기 위해서 귀용 부인은 이제 6세 반 된 딸, 마리아 잔느를 방문하기로 결정했다. 마리아 잔느는 아직도 사보이의 토넌에 있는 우르술린 수도원에 살고 있었다. 물론 어린 딸은 자기 어머니를 다시 만나니 기쁘지 않을 리가 없다. 하지만 방문기간 동안 딸이 수두를 앓게 되었다. 귀용 부인은 라 콩브 신부에게 교회 상업상 로마로 가기 전에 와달라는 전갈을 보냈다. 라 콩브 신부가 즉시 왔고, 어린 딸의 회복을 위해서 기도했다.

"하나님 안에서 나는 전에 잃었던 모든 것을 그 이상으로 되찾았다 … 하지만 하나님께서 내가 잃었다고 생각했던 그 사랑을 되돌려 주셨을 때, 그분에 대한 사랑을 한 순간도 멈춘 적이 없었고, 그분은 또한 인지력과 사고력을 되돌려 주셨다 … 가슴의 사랑 뿐만 아니라 이해력까지도 증가되고 하나님으로부터 오는 능력으로 새로워졌다. 내 안에서 그것이 표출되었기 때문에 다른 사람들도 그것을 알 수 있을 정도였다. 사도들이 성령을 받았을 때 경험했을 그런 것을 나도 경험했다. 나는 안다, 또 이해한다. 육체저으로 뿐만 아니라 이성적으로도 필수적인 모든 것을 나는 할 수 있다. 나는 사물의 모든 특성을 소유할 뿐 어느 것도 원하지 않는다. 나는 솔로몬의 지혜라고 불리는 경전에서 발견된 좋은 구절을 암기했다. 작가는 지혜에 대해서 이렇게 말한다; '내가 기도하니 명철이 내게 왔다. 내가 하나님을 부르니 지혜가 내게 왔다. 나는 지혜를 건강이나 아름다움보다도 더 사랑했고, 빛 대신 가질 것으로 여겼다. 지혜로부터 오는 빛은 결코 사라지지 않는다. 지혜와 함께 모든 좋은 것이 함께 왔고, 지혜의 손 안에는 셀 수 없이 부유한 것들이 있다.' 내가 그리스도를 따랐을 때 내게도 역시 지혜가 왔다. 영원한 지혜이신 예수 그리스도께서 첫아담이 죽은 후 나의 영혼 안에 오셨을 때 영혼과 소통하는 모든 좋은 것을 그분 안에서 발견한다."

## 8

# 신앙, 글로 고백하기 시작하다

    교회 사업상 로마에 다녀온 라 콩브 신부는 귀용 부인이 토년의 우르술린 수도원에서 영적인 피정을 할 수 있도록 허락할 것을 보장했다. 실상 그는 그녀의 요청을 즉각 허락했는데 그것은 귀용 부인이 그곳에 머무는 동안 다랑톤 주교의 화가 일으킨 먹구름을 좀 가라앉힐 시간을 얻을 수 있을까 하는 바람 때문이었다.
    토년에 머무는 동안 귀용 부인은 예배와 기도, 금식을 하면서 주님의 뜻을 찾고자 노력했다. 글을 써야겠다는 강한 충동을 느낀 것은 바로 거기서였다. 하지만 특별히 써야 할 주제가 없다고 생각되어 즉시 그 생각을 포기했다. 하지만 마침내 자기는 써야만 한다고 깨달았기 때문에 자기의 의도를 라 콩브 신부에게 말했다. 라 콩브 신부도 놀라운 반응을 보이며 같은 질문을 했다; "하지만 무엇에 대해 쓰시겠습니까?"
    이 질문에 대해 귀용 부인은 아주 진지하게 답변했다. "저도 모릅니다. 또 알고 싶지도 않습니다. 다만 제게 명령하시도록 전적으로 하나님께 맡길 뿐입니다."

그 다음 해부터 그 사실이 증명되었다. 이 여인의 펜끝에서부터 신속하고도 풍부하며 격렬하게 글이 터져나오기 시작했는데 그것은 마치 더이상 댐으로 막을 수 없는 호숫물의 흘러넘침 같았다. 아무런 참고서적도 없이 공부할 기회도 없었던 귀용 부인이 신앙적인 소책자와 팜플렛을 썼고, 또한 그녀의 생각을 인도하는 성령에 의해 실제 한 마디 한 마디 받아 성경주석까지 쓰게 되었다.

귀용 부인은 우르술린 수도원에 머무는 동안 끊임없이 번쩍하는 비전과 계시, 예언의 말씀을 경험했다. 그녀의 인생은 신앙과 영적 능력의 그 위대한 단순성으로 특징지워진다. 그녀는 회개 후에 거듭남의 경험에로 인도되었다. 이제 그녀의 영혼은 스스로 "자아에 대한 죽음"이라고 부른 그 깊고도 풍요로우며 깨어있는 영적 충만함을 경험했다. 그렇기에 다른 사람들도 그 믿음의 거룩한 길을 가도록 인도해야 할 의무감을 느꼈던 것이다. 그녀의 영혼은 성령의 성유와 그 능력에 전율했고, 어두운 세상의 따뜻한 태양처럼 그것을 밖으로 발산하였다. 예수를 거룩하게 하시는 분으로 믿는 믿음에 의해서 얻는 거룩함과 성령을 통해서 자아를 이기는 승리는 귀용 부인으로 하여금 십자가에서 죽었다가 부활하시고 그녀의 구세주로서 다시 오실 주 예수 그리스도와의 신비적인 결혼을 더욱 새롭게 하였다.

토년에서의 체류기간이 끝나자 호수 건너편 도시 로산느에서도 토년에서 했던 증언을 다시 선포했다. 한 번은 귀용 부인의 하녀가 매우 아팠을 때 부인이 단순히 이렇게 말했다; "일어나거라. 예수의 이름으로 말하노니 너는 더이상 아프지 않단다." 그 하녀는 자기 발을 내딛어 섰고, 즉시 하나님의 기적적인 치유의 능력으로 병이 나았다. 귀용 부인은 가는 곳마다 많은 무리의 사람들을 끌어당겼다. 사람들은 신앙의 가르침과 기도, 구원을 얻으러 왔다. 도움을 청하고 용기를 얻으려고 자기에게 오는 사람들을 결코 그냥 보낼 수가 없었던 귀용 부인은 낮에는 그들 심령이 가난한 자들과 함께 이야기하고 기도했다. 밤이 되어서야 글을 쓸 수 있었다. 그리고 좀더 상담이 필요한 사람들에게는 편지로 연락을 했다.

1683년 토년에 있는 동안 귀용 부인은 하나님께로 찾아가는 영혼의 과정을 그린 작은 책 『영혼의 폭포수』를 썼다. 이 작품은 그녀가 기뻐했던 영적인 내적 경험들을 암송하듯이 설명하고 있다. 귀용 부인은 하나님의 은총과 자비의 흐름을 산이나 높은 계곡에서 시작하여 하나님의 무한한 사랑인 바다에로 이르는 강물에 비유하기를 좋아했다. 그것은 자기의 욕망을 하나님의 손에 맡기고 자기의 뜻을 그분의 뜻에 완전히 복종시켰을 때 예수 안에서 궁극적으로 찾을 수 있는 충만감과 깊은 내적 평안을 그리고 있다.

한편 다랑톤 주교는 수도원을 짓기 위해 제스로 돌아오라는 제안을 귀용 부인이 거부하자 다시 두 번째로 토년을 방문하여 그녀를 설득시키려고 최선을 다했다. 그러나 귀용 부인의 거절은 그를 더욱 자극하여 그녀와 그녀의 귀한 친구, 라 콩브 신부를 더욱 박해하게 만들었다.

호수가 많은 지역이라 습기 때문에 귀용 부인의 허약한 건강이 더욱 나빠져 사역을 할 수 있는 다른 곳을 찾기로 했다. 사보이 공작령의 수도인 튀린이 적합한 장소처럼 여겨졌다. 귀용 부인과 어린 딸, 하녀들이 떠나는 이 여행에 어떤 신학자, 어린 소년, 라 콩브 신부가 동반했다. 라 콩브 신부는 교회 사업상 베르세이에 가는 중이었다. 그들은 모두 튀린에서 귀용 부인과 그 가족을 푸뤼네 후작 부인 집에 남기고 떠나갔다. 그 후작 부인은 왕의 수석 국무대신의 누이였다. 휴식을 취할 수 있는 충분한 시간을 보낸 후 다시 귀용 부인은 평소때와 같이 증언하고 기도하고 성령이 능력주시는 한에서 글을 써 나갔다.

그 사이 귀용 부인에 대한 나쁜 풍문이 퍼져 악평이 나돌았다. 그녀의 의붓오빠 라 모트 신부와 제네바의 다랑톤 주교가 그녀를 극악한 이교도로 실추시킨 주동자였다. 다랑톤 주교는 다른 주교들이나 신부, 성직자들에게 그녀를 그들의 교구로 받아들이지 말라고 요청했다. 게다가 자기가 영향력을 발휘할 수 있는 모든 교구에서 그녀의 책이나 소책자들을 불태워 버리라고 명령했다. 그들은 그녀를 실추시킬 의도로 할 수만 있으면 무엇이든지 했다. 다랑톤 주교는 귀용 부인을 사탄의 도구라고 선언하면서 편지로 그녀를 반대하는 캠페인을 벌였다. 자기 교구의 가난한 사람들을 위해서 했던 귀용 부인의 선행을 잊은 채 그는 그녀의 모든 행동을 정죄하면서 그녀를 고발했다.

자기 앞에 어떠한 고난이 놓여있으리라는 예언자적인 꿈이 귀용 부인을 준비시켰다. 그렇기에 라 콩브 신부가 튀린으로 되돌아와서 부인으로 하여금 즉시 파리로 돌아가라고 명령했을 때 부인은 그다지 놀라지 않았다. 라 콩브 신부는 부인이 파리로 가기 전에 프랑스의 그르노블에 가서 친구와 함께 시간을 보내겠다면 그곳까지는 같이 가주겠다고 제안했다. 즉시 부인은 라 콩브 신부가 자기에게 해준 경고를 받아들여 당분간은 더 멀리 가지는 않고 그르노블에 머물기로 했다. 그런데 부인은 그곳이 자기의 도움을 필요로 하고 있음을 알았다.

그르노블은 라 카마스 주교가 통괄하는 거칠고 불경건한 도시였다. 그곳은 중국보다도 사역자들이 더 필요한 곳으로 유명한 지역이었다.

사악함과 죄스런 쾌락이 사람들의 오락거리로 스며들었고, 겉으로 볼 때 그 지역의 목자 즉 신부나 영적인 지도자들이 사람들에게 필요한 영적인 인도를 전혀 하지 못하는 것처럼 보였다. 간단한 그리스도 중심의 복음메시지를 너무도 필요로 했던 그 사람들은 귀용 부인이 자기네 도시로 왔다는 소식을 듣자 영적인 충고와 기도를 받으려고 귀용 부인을 찾기 시작했다.

그후 2년 동안 귀용 부인은 토넌에 있었을 때와 똑같이 낮에는 상담과 사역을 감당했고, 밤에는 글을 썼다. 귀용 부인은 항상 자기를 통해서 일하시는 하나님께 찬양과 영광을 돌렸을 뿐 결코 자기 자신을 위해 영예를 구하지 않았다. 그녀는 거듭거듭 말했다; "오, 이 모든 것을 하시는 분은 당신, 하나님이십니다!"

성령께서 귀용 부인에게 각 영혼들의 상태를 이해하는 데 필요한 분별력과 이해력의 지혜를 선물로 주셨기 때문에 부인은 각 사람들이 필요로 하는 성경말씀과 충고를 적절하게 줄 수 있었다. 또 한 번 귀용 부인은 대중적인 관심과 호기심의 대상이 되어야 했다. 정직한 그리스도인들은 그녀가 체험했고, 또 가르치고 글로 표현한 보다 깊은 영적 체험을 추구하기 시작했다. 수도자나 신부, 수녀, 주교까지도 상담과 기도를 청하러 모여들었다. 그 결과, 귀용 부인의 신앙적인 가르침에 기초한 신앙부흥의 역사가 여러 곳에서 일어났다.

귀용 부인이 성경주석을 쓰기 시작한 것은 바로 그르노블에서였다. 자기가 갖고 있던 프랑스어 성경 이외에 아무런 참고서적도 없이 약 6개월 동안 밤마다 촛불 여러 개의 가물가물 깜박이는 불빛 아래서 엄청난 속력으로 써나갔다. 당시 부인의 손은 성령께서 부르는 모든 것을 다 받아적느라 빠르게 움직이지 않으면 안되었다. 마치 마음의 눈으로 보는 것처럼 영감이 떠오를 때 가능한 한 모든 것을 다 받아적어야 했던 것이다. 부인의 출간된 책들은 퀘이커 교도들에게 널리 읽혔는데 그들은 박해 때문에 개인적이고 관조적인 신앙형태를 띠었다. 많은 신학자들은 귀용 부인의 성경주석을 근대 베스트셀러에 버금가는, 당시까지 쓰여진 어떠한 주석보다도 가장 헌저하게 영감을 띠고 헌신적으로 쓰여진 것이라 평가한다. 이 주석은 후에 출간되어 전 유럽에 퍼지게 된다.

여기서 또, 교회의 공식석상에서 열띤 논쟁을 일으킨 영적 서적이 쓰여진다. 영어로 번역되어 오늘날 "예수 그리스도에 대한 깊은 체험"(Experiencing the Depths)이란 제목으로 출간된 이책 『짧고 쉽게 기도하는 법』(A Short and Easy Method of Prayer)에서 귀용 부인은 예수 그리스도의 이름으로 하나님께 직접 기도하라고 호소한다. 말하자면 복되신 성모 마리아와 교회가 공식 승인한 성인들, 로마 카톨릭의 전통과 교황법에 의해 규정된 기도법을 우회하여 … 그들 눈에는 이것이 얼마나 이교도적으로 보이겠는가! 쟁쟁한 신학자들과 교인들 사이에서 이 주제에 대한 귀용 부인의 신앙적 견해에 대해 찬반론이 벌어졌다. 어떤 곳에서는 귀용 부인의 기도에 대한 가르침을 되새기기 위해서 불태워진 책이 읽혀지기도 했다. 이 책은 교회의 중재역할에 대해서 많은 문제를 일으켰다. 귀용 부인은 체험상 기도를 통해 아버지 하나님께 직접 닿을 수 있었고, 자기의 기도가 응답되었다는 것을 너무나 잘 알고 있었다. 그렇기에 복된 동정녀 마리아나 성인들에게 기도하는 것은 불필요한 중간 단계라고 확신했다. 기도라는 것은 주 예수 그리스도와의 개인적인 교통이기에 로마 카톨릭 교회 안에서 횡행하는 것처럼 규칙과 규율에 매여서는 안된다고 보았다. 부인은 또 사제들이 개인을 위해서 수행하는 미사나 9일기도 같은 종교적 행위가 사람들에게 보증서가 되어서는 안된다고 느꼈다. 그렇기에 의인의 효과있고 독실한 기도를 하려면 성령에 의해서 인도되어 자유롭게 해야 한다고 가르쳤다.

귀용 부인은 출간된 책들 때문에 그 명성이 유럽 전체로 퍼져나갔다. 그렇다고 모든 일이 잘 된 것만은 아니었다. 예수회가 쟝세니즘과 신비주의 또한 그 지역에 퍼진 모든 형태의 프로테스탄티즘을 제거하려는 활동을 펴기 시작했을 때 그르노블에서 귀용 부인에게도 고난이 시작되었다. 예수회는 귀용 부인이 여자로서의 자기 위치를 무시한 채 성경해석을 시도함으로서 영혼들을 혼란스럽게 하고 자격도 없이 영적인 문제에 대해 사람들을 가르쳤다고 주장하면서 귀용 부인을 극단적인 위험인물로—아마도 마귀와 협잡한 마녀라고—선언했다. 그녀의 적들은 그녀를 이교도, 마술을 부리는 마녀로서 교회와 국가 양쪽에 중죄를 범했다고 고소했다.

그르노블의 라 카마스 주교는 예수회의 특성을 잘 알고 있었다. 자기로서는 귀용 부인을 받아줄 수 있었지만 그녀가 자기 교구에 남아있는 것이 그녀에게 위험하다는 사실을 알고 있었다. 또 자기의 정치적인 입장이 있기에 그녀의 사역이 교회당국과 빚어내는 마찰에 말려들고 싶지 않았다. 그러므로 그는 귀용 부인에 대한 반대 내문에 생기는 책임을 벗어나기 위해 마르세이유로—자기 관할구역 밖으로—가라고 그녀를 설득시킬 필요를 느꼈다.

1686년 봄, 귀용 부인은 자기 딸을 그르노블의 어느 종교적인 기숙사에 맡긴 상태였다. 어느 날 귀용 부인의 하녀, 라 고티에르 양과 또 다른 소녀가 몰래 빠져나가 보트를 타고 이즈르강과 론강을 따라 어려운 여정 끝에 마르세이유에 도착했다. 이미 귀용 부인에 대한 풍문이 그 도시에 퍼졌고 귀용 부인이 도착한 그날 오후에는 온 거리가 소동과 소란스러움으로 미어질 정도였다.

귀용 부인은 적들에 의해서 파리에서 제스로, 제스에서 토년으로, 토년에서 튀린으로, 튀린에서 그르노블로, 그르노블에서 여기 마르세이유까지 몰려왔다. 그들 대부분이 귀용 부인을 반대한 이유는 그녀의 책 『짧고 쉽게 기도하는 법』 때문이었다. 그래서 귀용 부인은 마르세이유 주교를 찾아가서 자발적으로 그 소책자를 내보이기로 결심했다. 그 주교는 그 책을 읽고 좋아했다. 귀용 부인이 그 도시에 머물면서 사람들로 하여금 하나님의 기쁨과 평화를 발견하도록 도와주며 가정에서 사역을 수행했던 8일 간의 시간은 그나마 그 주교의 개인적인 초대 덕분이었다. 그리고나서 귀용 부인은 사보이 공작령인 니스로 가기로 결정했는데 놀랍게도 그곳에서 부인은 아무런 사건 없이 무사히 머물 수가 있었다.

튀린에 있는 친구, 푸뤼네 후작 부인을 방문하고 싶었기 때문에 귀용 부인은 니스에서 여행을 떠났다. 그러나 니스에서부터 마리티므 알프스를 지나 튀린까지 가는 대중교통이 힘들었기 때문에 배로 사보나까지 가라는 충고를 받았다. 사보나는 지중해 연안에서 약 80마일 떨어진 망구로서 거기서부터 튀린까지 해안길이 뻗어 있었다. 하지만 하루의 여행길이라고 생각했던 것이 11일이나 걸렸고, 그것도 폭풍의 바다와 생명을 걸고 전투를 벌여야 했다. 그들 일행이 마침내 제노아에서 해안에 닿았는데 그곳에는 모든 프랑스인을 싫어하는 노한 사람들이 길을 가로막고 있었다.

제노아에서 적대적인 사람들 가운데 며칠 억류되었고, 귀용 부인의 돈은 다 떨어져갔다. 귀용 부인은 어느 거친 남자가 베르세이까지 운전을 하고 절뚝거리는 두 마리의 노새가 끄는 해안 운송차를 재빨리 잡아탔다. 강도들이 이 여행자들에게 접근한 것은 약 70마일쯤 갔을 때였다. 여인숙 주인이 그들을 쫓아보내긴 했지만 여자들은 또 다른, 두렵고 위험한 일에 직면하기도 했다.

베르세이에서 귀용 부인은 옛친구, 라 콩브 신부를 만났다. 라 콩브 신부는 파리에서 돌아와서 이제 베르세이에서 일을 하고 있었고, 그 지역의 주교로부터 상당한 신임을 받았다.

귀용 부인의 베르세이에서의 체류기간이 여러 달로 연장되었고, 그 동안 베르세이의 주교와 또 라 콩브 신부와 우정을 나눌 수 있었다. 그 주교는 귀용 부인과 그녀의 친구, 푸뤼네 후작부인 둘 다 자기 관할 구역 내에 거주하기를 원했다. 그는 심지어 후작 부인과 그녀의 딸을 베르세이로 데려오라고 라 콩브 신부를 튀린에 보내기까지 하면서 그녀를 위해 종교적인 단체도 건설하겠다고 약속했다. 귀용 부인이 성경주석과 요한계시록을 마무리한 곳이 바로 이곳, 베르세이였다.

마침내 귀용 부인이 파리로 되돌아가야만 한다고 느꼈을 때 튀린의 통상적인 길로 접어들어 세니스 산을 넘었다. 튀린에서 푸뤼네 후작 부인을 다시 방문하자 후작 부인은 귀용 부인을 다시 만난 것을 기뻐했다. 프랑스 국경에서 가까운 사보이의 도시, 샹베리에서 귀용 부인과 그녀의 의붓오빠 라 노트 신부가 서로 만났다. 그는 귀용 부인에게 친절하게 대했지만 부인은 전적으로 자기 오빠를 신뢰할 수는 없었다. 샹베리에서 그르노블로 갔고, 거기에는 10세된 딸과 하녀 하나가 있었다. 귀용 부인과 딸은 하녀와 헤어졌다. 거기서부터 라 콩브 신부가 동행하면서 파리를 향해 북상했다.

자기 앞에 어떤 일이 놓여있는지 아직 모른 채 귀용 부인은 하나님의 뜻이라고 믿어지는 것 외에는 무엇을 할지 아무것도 결정하지 못하고 계속 파리를 향했다. 귀용 부인이 파리로 되돌아온 것은 여기저기서 사역을 시작한 지 5년이 지난 후였다(거의 비밀리에 떠났다가 성 막달레나 축일 전날인 1686년 7월 21일에야 돌아왔다). 그녀는 주님이 부르시는 목소리를 들었었고, 그 부르심을 순종하는 데 최선을 다했었다. 귀용 부인은 복음의 간단한 진리를 쉽게 설명하기 위해서 주님이 쓰셨던 도구였다. 그 결과, 많은 영혼들이 주 예수 그리스도가 자기의 구세주임을 알게 되었고, 많은 신앙인들이 보다 깊고 풍요롭고 풍성한 영적 체험에로 인도되었다. 그녀의 그리스도인으로서의 증언과 끊임없는 기도, 영감어린 작품, 이 모든 것들이 호수에 던져진 조약돌처럼 모든 지역으로 퍼져나가 그리스도를 향해 수천의 남자 여자들의 심령을 움직이고 중대한 영향을 끼쳤다.

"우리는 하나님의 종들을 모략하는 그들의 원수들처럼, 아무런 근거 없이 압박상태에 있는 하나님의 종들을 판단하고 중상모략을 해서는 안된다. 예수 그리스도는 괴로운 고통 속에서 돌아가셨다. 하나님은 당신의 귀한 종들에게도 그런 고통의 손길을 펴시는데 그것은 당신을 언제나 기쁘시게 했고, 너무나도 순종적이었던 당신의 아들과 닮게 만드시기 위해서이다. 하지만 마땅히 닮아야 함에도 불구하고 실제 그렇지 못하다. 이 고통은 의도적으로 가하는 고행이 아니라 하나님의 뜻을 순종할 때 겪게 되는 수난이다. 하나님은 우리의 자아가 전적으로 항복하기를 원하시고, 대개 그분의 뜻을 거역하는 우리의 관점이 아닌 당신의 관점에 따르도록 우리를 인도하심으로써 마침내 하나님은 우리 모든 것의 모든 것이 되신다. 모든 완전은 세속적인 사람이 존중하는 것을 과시하는 데 있지 않고 오직 예수 그리스도와 전적으로 연합하는 데 있다. 하나님의 진정한 친구들은 오직 영원성 안에서만 만나게 될 것이다. 예수 그리스도 외에 그 어느 것도 하나님을 흡족하게 해드릴 수 없고 예수 그리스도만이 하나님의 성품을 감당할 수 있다."

# 9

## 박해가 시작되다

    파리에 간신히 도착했을 때 귀용 부인은 당시 프랑스와 라 콩브 신부와 자기 자신에 대해 음모가 꾸며지고 있는 사실을 알았다.
    정치적인 야망이 크고, 파리 주교나 루이 14세왕과 친밀하게 지내던 라 모트 신부가 이 '비정통적인 신앙인들'에 대해 혐의를 일으키면서 급기야 그늘을 투옥하게끔 일을 빚어냈다. 귀용 부인에 대한 예수회의 반대를 부추기면서 한편 라 콩브 신부를 실추시키려고 파리의 바르나비트 수도회를 강하게 소외시키는 데 성공했다. 라 모트 신부의 마음 속에는 자기의 의붓동생을 용서할 수 없는 감정이 도시리고 있는데 그것은 그녀가 상속받은 재산이 자기 손에 전혀 들어오지 않은 것을 참을 수가 없었기 때문이다. 특별히 그즈음 라 모트 신부에게는 자기 수도원 벽을 재건하기 위해서 돈이 필요했었다. 그는 귀용 부인이 제 스로부터 온 어린 소녀의 급료를 수도원에 입회시키기 위한 지참금으로서 얼마를 라 콩브 신부에게 맡긴 것을 알고 있었다. 라 모트 신부는 그 돈을 귀용 부인으로 하여금 자기에게 맡기도록 유도하여 필요한 대로 쓰고 싶었었다. 막상 그녀를 만나서 친절한 미소를 띄우며 그녀의 개인적인 안전을 염려하는 인사치레를 하고 있는 동안 라 모트 신부는 그녀와 라 콩브 신부 사이에 불륜의 추잡한 행실이 있었다는 사실을 포함해서 실제 그녀에 대한 음모를 꾸미고 있었다. 물론 그러한 이야기는 절대적으로 거짓이고 사실 무근의 것이다. 하지만 풍문이란 일단 발설되면 멀리까지 퍼져나가 멈추게 하기가 힘들기 마련이다.

귀용 부인의 돈에 대한 라 모트 신부의 탐욕이 그녀를 반대하게 만들었고, 그 화가 한때 친구였던 라 콩브 신부에게까지 미쳐 우정은 완전히 분풀이로 변했다. 라 모트 신부가 귀용 부인에게 거의 빼앗다시피 요구하는 돈을 주지 말라고 부인에게 충고한 사람이 바로 라 콩브 신부였던 것이다. 이 앙갚음에는 라 모트 신부와 파리의 바르나비트 수도사들이 뭉쳐져 라 콩브 신부와 귀용 부인을 연루시켰다. 이들의 신앙적 견해가 몇 년 전 교황법으로 인해 로마에서 투옥된 스페인의 미카엘 드 몰리노스와 비슷하다는 것이 그 이유였다. 그 결과, 라 콩브 신부는 1687년 10월 3일 체포되어 라 모트 신부가 제공한 개인적인 정보로 교회재판소로 회부되었다. 그리고서 그는 바스티유 감옥에 수감되었고, 후에는 루이 14세의 법령에 의해 루르드의 억류지로 옮겨졌다. 그후에는 파리 근교의 빈센느 성으로 또 그 후에는 올르롱의 성으로 옮겨졌다.

라 콩브 신부의 작품 『영적 기도에 대한 분석』(An Analysis of Mental Prayer)은 바스티유의 추운 지하감옥에서 거의 1년을 보낸 뒤인 1688년 9월 4일, 로마 카톨릭 교회 당국에 의해서 공식적으로 유죄판결을 받았다. 그는 죽기 바로 직전인 1714년, 사렌톤에서 정신적인 침해로 병원으로 옮겨졌다. 그것은 27년 간이나 이 감옥 저 감옥으로 끌려다니며 비인간적인 처우를 받은 후였다.

신앙의 단일성과 프랑스의 종교법인 로마 카톨릭시즘을 재건하기 위해서 루이 14세왕은 1685년 프랑스의 프로테스탄트교도들과 모든 종교적인 자유사상가들의 보호를 보장하는 낭트 칙령을(1598년 헨리 4세가 포고했던) 폐지하기에 이른다. 어떠한 대가를 치르고서라도 이교적이고 프로테스탄트적인 요소를 없앰으로써 로마 교황에게 총애를 받으려는 루이왕은 로마 카톨릭 교리와 전통으로부터 벗어나는 모든 사람들을 대항해서 자기의 정치적인 힘과 프랑스의 무력을 사용했다. 그는 사람들로 하여금 로마 카톨릭으로 되돌아오게 강요하면서 자기 치리력이 미치는 전 영역에 걸쳐 모든 프로테스탄트인들의 신앙집회를 금지시키도록 명령하며 군사력을 동원했다. 당시 문제를 일으켰던 것은 종교, 정치적인 상황이었다.

이제 38세된 귀용 부인은 여전히 그리스도를 위해서라면 무엇에든 도전할 수 있을 만큼 젊었고, 과거의 경험으로부터 무엇인가 교훈을 얻을 만큼 현명했다. 가장 결정적인 것은 이 여인이 그리스도를 깊이 그리고 필사적으로 사랑한다는 사실이었다. 그분은 영적인 결합 속에서 자기와 결혼한, 천국의 신랑이셨던 것이다. 귀용 부인이 쥐라산맥 아래 오두막집의 가난한 농부들에게 하나님의 진리의 말씀을 전했기 때문에 신앙의 부흥이 활활 다오르는 산불처럼 번져갔다. 다시 이 "다른 세계의 자손"은 이곳에서 저곳으로 영적인 지혜를 나눠주면서 전도여행을 시작하지 않을 수 없었다.

이미 귀용 부인의 명성은 프랑스 전역에 퍼져나갔다. 부인의 책과 소책자들은 매우 잘 팔렸고, 유럽 전대륙에서 읽혀졌다. 공식적인 종교계에서도 그녀의 대중적인 신앙적 견해와 체험이 잘 알려져 있었다.

귀용 부인은 그 가르침 때문에 많은 사람들에게 '새로운 영성'의 선구자로 불리웠는데 만일 부인의 가르침이 그대로 퍼져나간다면 로마 카톨릭 전통이 공인한 행위원리들이 전복될 정도였다. 이미 그것과 상당히 모순된 주제를 폈던 귀용 부인은 정치적 용어로 말하자면 '이교도적인 경향성'을 띠었다고 의심을 받게 되었다. 부인의 신앙적인 관점이 스페인의 퀘이커교도 미카엘 드 몰리노스와 비슷하다는 이유로 루이 14세왕은 자기 왕국과 심지어 확고한 교회의 울타리 안에서도 일탈의 조짐이 보인다고 판단했다. 왕은 이 여인이 행하는 짓을 영원히 멈추게 하기 위해서는 무엇인가 조치를 취하지 않으면 안된다고 확신했다!

어느 날 라 모트 신부는 음모 섞인 제안을 품고 파리의 교회에서 귀용 부인을 만났다. 그는 앞장서서 귀용 부인과 라 콩브 신부에 대한 음모를 조장하고 있었기 때문에 누구보다도 그녀에 대한 조처가 현안중임을 잘 알고 있었다. 하지만 지금 그는 누이동생을 아주 사랑하는 다정한 오빠처럼 그녀에게 접근해 왔다. 마치 코 앞에 닥친 위험에서 누이를 건져주고 분명히 그렇게 될 투옥이나 굴욕으로부터 피하게 해 줄 것처럼 …

"누이야!" 그는 말했다. "때가 왔단다. 너는 파리를 영원히 떠나기로 결정해야 돼! 고향인 몽타르지로 가거라. 거긴 안전할 거다. 너를 해치려는 엄청난 주장들이 있어. 네가 달리 갈 길이 없을 것 같다. 너는 심지어 국법에 거스리는 심한 죄까지 짊어지고 있다는 거야. 얘야, 네가 어떻게 될까 두렵단다. 갈 수 있는 데까지 멀리 가려무나!"

"제가 만일 그런 죄를 짓지 않았다면 저는 그렇게 심한 처벌을 받을 수는 없어요." 귀용 부인이 대답했다. "처벌하신다면 받아야지요. 역경 속에서도 도망갈 수는 없어요. 저는 전적으로 주님께 헌신하는 임무를 개방적으로 수행했습니다. 만일 제가 하나님께—제가 사랑하고 모든 사람에게 사랑받으셔야 마땅한, 심지어 제 생명을 희생해서라도 사랑받으셔야 할—거스리는 행동을 했다면 처벌을 받음으로써 모든 사람들에게 그 본보기가 되어야 할 겁니다. 그러나 만일 제가 무죄한데 도망친다면 오히려 저의 무죄성을 부인하는 결과가 될 겁니다. 저는 그냥 제가 있던 곳에 머물러 있겠어요. 저는 도망칠 이유가 없으니까 도망가지 않을 겁니다!"

그러한 대답을 전혀 예상치 않았던 라 모트 신부는 귀용 부인이 '어리석은' 고집을 피운다며 부인과 아이들을 위협했고, 화를 내며 가버렸다. 그때부터 라 모트 신부는 까닭없이 귀용 부인을 위협했다. 그는 부인의 성질을 돋구기 위해 갖가지 상상적인 묘안을 짜내면서 부인의 모든 태도가 불성실하고 그녀의 견해가 잘못됐다고 고소했다. 심지어 교회 성직자들과 정치적으로 야망이 있는 공직자들에게 귀용 부인에 대해 정보를 제공하면서 가장 효과적인 방법은 그녀를 체포하여 감금시키는 길밖에 없다고 주장했다.

파란많은 2개월의 시간이 경과한 후, 귀용 부인은 마침내 파리의 대주교 앞에 서게 되었다. 하지만 그 대주교 역시 이미 귀용 부인의 예수 그리스도에 대한 신앙과 구원, 성화, 영적 자유가 로마 카톨릭 교회의 확고한 종교행위와 전통을 뒤집어 놓으리라는 사실을 잘 알고 있었다. 다른 학식있는 교회당국자처럼 그 역시 그러한 교리적인 해석은 더이상 번져서는 안되며 특히 프랑스 국민 대다수의 비옥한 정신적 풍토 하에서는 더욱 근절되어야 한다고 생각했다. 로마 교회는 스스로 놓은 덫에 걸림으로써 곧 프로테스탄티즘의 어떠한 형태에 길들여지는 결과를 빚었다. 즉 교회는 절대적으로 맞설 수가 없었기 때문에 다른 방도 없이 귀용 부인을 공식적으로 이교도의 주동자라고 즉각 유죄판결을 내렸던 것이다.

곧 이어 파리의 대주교는 이 사건에 대한 자기의 판결과 결정을 합리화시키기 위해서 『전례와 사도적 가르침』(An Ordinance and Pastoral Instructions)이란 제목의 책자를 출간했다. 하지만 왕의 사인 없이는 누구를 감옥에 넣을 수 있는 권한이 없었기 때문에 그는 우선 귀용 부인의 체포와 투옥을 위해―교회를 위협하는 이교도이기에―왕의 명령을 요청하며 왕에게 제출할 사례와 증거물 사본을 준비했다. 당연히 루이왕은 이런 서류들로부터 귀용 부인의 죄과가 매우 중하다고 결론지었다. 그는 지체하지 않고 즉시 귀용 부인을 체포하라고 명령했다. 이 일은 그녀의 귀중한 벗, 라 콩브 신부가 바스티유 감옥으로 보내진 지 약 3개월되었을 때 발생했다.

귀용 부인에게 부과된 죄목은 광범위했다. 거기에는 신앙적인 주제에 이교도적인 견해가 섞여있다는 것, 사적인 종교집회를 조장하고 주관했다는 것, 고백성사와 기도의 전통적인 형식으로부터 일탈했다는 것, 성인들에 대한 공경을 저버렸다는 것, 미카엘 드 몰리노스의 『영적인 길잡이』(The Spiritual Guide)와 비슷한 종교적 정서를 내포한 위험스런 책을 배포했다는 것 등등 … 하지만 맨 마지막 이유에 대해서는 귀용 부인은 미카엘 드 몰리노스를 만난 적도 없고, 그와 서신연락을 취한 적도 없었다. 하지만 법정에서는 이 두 사람을 묶는 증거물로써 편지들이 제공되었다. 그 결과, 귀용 부인의 책들은 이교도적임이 밝혀지고 즉시 삭제되기로 결정됐다.

대범하게 로마 카톨릭 교회의 잘못된 행위와 오류들에 대해 95개 조항으로 지적했던 마르틴 루터처럼 귀용 부인 역시 의롭다함은 오직 주 예수 그리스도 한 분을 믿는 그 믿음으로 얻어진다고 가르쳤다. 성화 역시 실상 그리스도의 죽음과 부활이 그리스도인의 생활의 기초라는 개인적인 믿음에 대한 신뢰였다. 그것은 단순하고 꾸며지지 않은 믿음이다. 그녀가 성인들을 공경하기를 거부하고 특별히 복된 동정녀 마리아를 공경하지 않은 것은 사실이다. 이 문제에 대해 귀용 부인은 이렇게 설명한다; "하나님의 아들이라기보다는 종이라 할 수 있는 초신자들은 아마도 성인들의 영향과 중재를 필요로 할지도 모르겠다. 하지만 주님의 신부는 그들에게 아무런 도움을 받지 않고도 자기에게 필요한 모든 것을 얻을 수 있다."

당시까지 귀용 부인의 작품들은 많은 성직자들에 의해 의문시되고 비난을 받아왔지만, 교황이 직접 공식적으로 이교도적이라고 판결한 책은 아직 한 권도 없었다. 귀용 부인은 자기의 책 『짧고 쉽게 기도하는 법』이 단순히 주의 기도를 어떻게 이용할 것인지 유익을 주기 위해 설명한 것에 지나지 않는다고 주장했다. 하지만 어두운 비구름이 이미 지평선으로부터 질풍같이 몰아쳐 왔고, 그녀의 태양은 시야에서 거의 사라질 위험에 놓여있었다. 자기의 관점을 설명하려고 아무리 시도해 보았자 아무 소용이 없었다.

"오, 놀라우신 나의 하나님! 여기서도 다른 때처럼 제게 거룩한 보호를 해주시는군요! 산을 넘고 가파른 길과 끔찍한 절벽을 오를 때 제가 얼마나 많은 위험의 고비를 넘겼습니까! 벼랑 위에서 거의 미끄러진 노새의 발을 얼마나 여러 번 잡아주셨습니까! 또 제가 무시무시하게 높은 곳에서 떨어지는 폭포수로 얼마나 자주 곤두박질쳐질 뻔 했습니까! 폭포수는 비록 틈 사이로 떨어져 우리 시야에서 점점 작아지지만 그 소리는 얼마나 엄청난지요! 오, 하나님 당신께서 그런 엄청난 위험으로부터 저를 인도해 내셨습니다. 가장 위험한 순간이 닥칠 때 당신에 대한 저의 믿음은 가장 강하게 표출됩니다. 저의 영혼은 당신을 신뢰합니다. 만일 제가 바위에 곤두박질하거나 물 속에 빠지는 것 혹은 다른 방식으로 인해 제 생명이 끝이 난다 해도 그것이 당신의 뜻이라면 어떻게 되든지 저는 상관이 없고 결과는 항상 마찬가지일 것입니다."

# 10

# 첫번째 투옥

    1688년 1월 29일, 아침 일찍 귀용 부인은 체포되어 왕명에 의해 앙트완느의 파리 근교에 있는 성 마리아의 방문 수녀회로 호송되었다. 이 수녀회는 귀용 부인을 억류하기 위해 특별히 선택되었는데 그것은 그곳 원장이 자기네 수녀원에 구류시킨 사람들에 관한 왕의 명령을 수행하는 데 있어 가장 협조적이었기 때문이다.

    그해 겨울내내 앓던 오랜 병에서 겨우 회복된 귀용 부인은 여전히 약해 지팡이를 짚고도 걸음을 제대로 걷지 못할 정도였다. 구류의 상황에서도 귀용 부인은 이제 12세된 딸과 한 명의 하녀를 데리고 있고 싶어했다. 그녀는 자기의 경우를 재검토하기 위해 잠시 자기를 억류시키는 것일 뿐 별일 없으리라 믿으면서 순순히 구류에 승낙했었다. 하지만 왕의 호위병들 몇 명이 동반한 마차가 그 수녀원에 도착했을 때 원장은 왕이 딸과 하녀와의 동거를 허락하지 않았다고 말했다. 그들은 집으로 돌아가야만 했다. 또 왕은 잔느 귀용 부인을 열쇠를 채워 독방에 가두고 서신에 의한 특별한 장치를 제외하고는 누구와도 면회를 금지한다고 규정했다.

이러한 규정은 구류에 동의한 사람에게는 너무도 가혹한 제한조치였다. 그러나 이 충족한 여인에게는 아무것도 잃어질 것이 없었다. 이때 성 마리아의 수녀원에서 보낸 시간이야말로 그녀의 일생 중 가장 생산적이었음이 여러 면에서 판명되었다.

투옥된 현실조차도 귀용 부인이 주님을 위해서 일하는 것을 멈추게 하지 못했던 것이다! 자기가 갇혀있는 경계 내에서도 그녀는 결코 게으르지 않았다. 모든 박탈과 부당한 처우에도 불구하고 참으로 용기있게 감내했던 귀용 부인은 항상 자기의 영혼을 하나님의 현존에 온전히 드러냈다. 하나님의 뜻을 수행하는 사람들에게는 그분의 뜻을 좇는 것을 불가능하게 만드는 시간과 장소란 전혀 있을 수 없는 법이다. 귀용 부인의 마마자국 난 얼굴에 감도는 영적인 기쁨과 승리는 다른 여인들과 수녀들에게 비록 만날 기회가 별로 없기는 하지만 귀용 부인이야말로 진정한 그리스도인이라는 사실을 보여주었다.

비밀리에 친구에게 보내는 편지에서 부인은 이 첫번째 투옥에 대해 자세히 적고 있다; "내가 감시받는 죄수이며 항상 열쇠로 잠근 방에 갇혀있다는 사실이 네게 새로운 소식은 아니겠지. 내가 갇혀있는 방을 담당하는 수녀들을 제외하고는 누구와도 말을 할 수가 없어. 물론 어떤 때 특별한 조처가 있을 때는 예외지만 … 나는 지상의 지옥에서 고통을 당하고 있어. 하지만 하나님께 대한 나의 굳은 신뢰는 흔들리지 않아. 그리고 나와 무관하지 않은 어떤 부인이 자기의 전 마음을 구세주께 드렸다는 소식을 들었을 때 얻을 수 있는 엄청난 위로를 내게 주지 않겠니?

오, 진심어린 신앙을 사람들이 얼마나 반대하는지 정말 슬프다! 나는 이따금 압도당하고 혼란에 빠지기도 하며 자신이 무슨 말을 하는지 무엇을 하고 있는지 거의 모를 때도 있다. 하지만 나는 하나님을 진정으로 찾은 모든 사람의 가슴에 부어지는 위로를 갖고 있다."

귀용 부인의 딱한 생활공간은 창문 하나와 밖에서 항상 자물쇠가 채워져있는 방문 외에 아무것도 없는 2층의 작은 방 뿐이었다. 작은 창문은 맑은 공기와 자연의 빛이 비춰도록 여는 것이 허락되었지만 동시에 끈끈한 저녁의 습기와 아침이슬, 눈이나 비, 무더위, 귀찮게 구는 벌레를 방안에 끌어 들이는 결과를 빚었다. 눈이나 비가 오지 않을 때는 태양빛이 건물 옆을 내리쬐어 참을 수 없이 뜨거웠다. 말 그대로 그곳은 빵굽는 기계 속이었다. 말할 것도 없이 이런 상황에서 귀용 부인은 곧 오랜 열병이 다시 도졌고, 폐에 통증이 오면서 심한 감기에 걸렸다. 그녀의 감시 수녀는 귀용 부인을 정신이상자, 위선자, 당연한 이교도로 간주했다. 그러나 귀용 부인은 너무나 심하게 앓았기에 마치 죽을 것처럼 보였다. 마침내 원장이 동정심을 베풀어 왕의 명령을 무시한 채 의사의 진단을 받게 했고, 귀용 부인의 하녀를 불러오게 했다. 이때가 1688년 6월이었다.

영적 지도 신부의 부탁대로 귀용 부인이 자기의 자서전을 쓰기 시작한 곳이 바로 이 성 마리아 수녀원이었다. 지도 신부는 그녀의 영적 체험을 중점적으로 자세히 기록하라고 제안했다. 순종과 영적인 승리, 내적인 평화 그리고 기쁨 등 그 모든 것이 그녀의 상황이나 주변환경에 상관없이 매순간 그녀를 둘러쌌기 때문에 자서전에서 그때의 구류생활을 이렇게 적고 있다; "이제까지 완벽하게 맞이한 오늘은 1688년 8월 22일이다. 이제 나는 40세가 되었고, 지금 감옥에 있다. 그러나 주님께서 이곳을 거룩하게 하셨음을 알았을 때 이곳은 내게 사랑스럽고 귀중한 곳이 되었다."

어떤 친구에게 귀용 부인은 이렇게 편지를 썼다; "만일 내가 사형판결을 받은 중죄인이라 해도 저들은 지금 내가 받고 있는 것보다 더 혹독한 조처를 쉽사리 내리지는 못할 게다 … 오 친구여, 보다 높은 목적, 이보다 더 고귀한 것이 있겠는가! 내적인 죄의 힘으로부터 완전히 해방된 너를 생각하는데 어떻게 괴로울 수가 있겠니! 나는 끊임없이 하나님께서 친히 너의 길과 진리, 생명이 되시기를 기도하고 하나님께서 너를 정결한 사랑의 천상적인 축복 가운데 세워주시기를 기원하고 있다."

"우리의 사랑스런 구세주께서도 역시 그렇게 멸시를 당하고 고소당하지 않으셨던가? 그분의 발걸음을 따라 걷고 그분이 받으신 고난을 받는 것이 어려운 일일까? 이런 것들에 대해서 생각할 때 나는 이따금 혼란 가운데 마음으로 주님께 부르짖는다. '오 하나님, 심판해 주십시오. 당신께 탄원합니다. 이것이 옳지 않습니까!'"

방문자나 다른 거주자들과 접촉을 할 수 없었던 귀용 부인은 기도와 성경읽기, 성가찬양, 편지쓰기 등으로 시간을 보냈다. 거의 전문을 인용한 다음의 편지는 서신으로나마 사람들에게 영적인 도움을 주고자 애쓴 전형적인 편지이다;

"부인, 당신께 대한 하나님의 자비하심을 증거할 수 있게 된 것과 당신의 영적인 신앙이 자라게 됨을 보니 참으로 기쁘다는 것을 말씀드려야겠군요. 그분이 당신 안에서 시작하신 역사를 완성하시게 되는 것이 저의 영적 기도입니다. 부인께서 충실하다면 틀림없이 그분은 그렇게 하실 것입니다. 부인, 예수 그리스도에게 속하는 행복이란 말로 설명할 수 없습니다! 이것이야말로 진정한 행복이고 위안입니다. 이것은 현생활의 고통과 비애를 달콤하게 만듭니다.

부인에 대해 너무 심하게 말씀드려도 용서하시리라 믿습니다. 언뜻 보기에 당신은 오랫동안 침묵으로 기도하는 내적인 체험에 충분히 익숙하시지 않은 것 같습니다 … 침묵의 기도 중에 부르짖으며 절규하는 것이 훨씬 좋을 것 같습니다. 다음과 같이 부르짖는 기도를 해보십시오; '오 나의 하나님, 제가 전적으로 당신 것이 되게 해 주십시오!'— 오로지 당신 자신과 무한히 사랑스런 당신의 작품을 위해서 순전하게 당신을 사랑할 수 있게 해주십시오!—'오 나의 하나님, 당신이 저의 전부가 되십시오! 제게는 아무것도 속하지 않게 해주십시오!' … 순간적이나마 침묵 속에서 절규하는 그런 간절한 부르짖음은 모든 사람으로부터 분리시키고 결국 화해시킬 것입니다 … 그리고 이런 방식으로 점차 중요한 침묵의 기도습관에 익숙해져서 강건해지실 것입니다.

그리고 또 다른 실제적인 의견을 제시합니다. 신앙서적을 읽을 때 이 대목 저 대목에서 잠시 멈추고 싶으실 때 잠깐 침묵 속에서 묵상과 기도를 하십시오. 특히 당신이 읽는 내용이 감동적이거나 깊이 마음을 움직일 때 그렇게 하십시오. 그 내용이 적절한 영향력을 발휘할 수 있도록 하기 위해서입니다. 그러한 독서는 보다 높은 고지를 향한 영혼의 진보를 가져오고 영양분을 제공합니다. 영혼은 우리의 육신치럼 양식을 필요로 합니다. 양식이 공급되지 않으면 우리의 신앙적 상태는 말라 비틀어져 고갈되고 맙니다.

자기 제어의 금욕을 위해서 엄한 고행을 하지 마십시오. 그것은 다른 사람들에게 유익할지 모르지만 부인에게는 확실히 그렇지 않습니다. 부인이 건강하고 정상적인 신체를 가졌다면—신체적인 금욕과 관련된 관점에서 ─ 특히 부인이 욕망에 의해서 지배를 받는다면 다른 충고를 드리겠습니다만 고행은 적합하지 않습니다.

하지만 부인, 제가 충심으로 권고하고 싶은 다른 고행이 있습니다. 부인의 썩어질 감정과 무질서한 의지가 무엇이든 남아있다면 그것을 억제하십시오. 부인의 특수한 취향이나 성질, 개인적인 성향들을 억제하십시오. 무엇보다도 하나님께서 부인에게 부과하기에 적합하다고 생각하셔서 빈번하게 부닥치게 하시는 냉혹한 고통을 인내와 순종으로 견디는 법을 배우십시오. 또한 하나님께 대한 사랑으로 모든 모순과 부당한 태도, 당신을 시중드는 사람들의 부주의함을 받아들이는 법을 배우십시오. 한 마디로 말해서, 항상 그리스도의 성품으로 평화롭게 무엇이든 천성적인 감수성은 다 파묻고 억제하십시오. 그리고 당신 자신을 그리스도 그분 자신의 고통과 연합시킴으로써 교제를 가지십시오. 이런 고통스런 교정을 받다보면 또 한번 십자가를 존중하게 될 것입니다. 특히 당신의 내적 경험 안에서 모든 눈에 띄는 것이나 드러나는 것들에 대해서 스스로 억제하고 죽는다면 그럴 것입니다. 아주 작은 존재, 아무것도 아닌 존재가 되는 위대한 교훈을 배우십시오. 그분은 부적당한 욕구에서 오는 모든 것을 금식하면서 단순히 빵과 물만으로 살기도 하셨지만 자기의 욕망이나 자기의 뜻을 포기하면서 오직 하나님의 뜻으로만 사는 좋은 본보기가 되셨습니다. 하나님께서 영적인 양식 뿐만 아니라 모든 물질도 공급해 주시도록 의탁하십시오! 이것이 사도 바울이 마음의 할례라고 부른 것입니다.

시간이 되시는 대로 영성체를 하시라고 권하고 싶습니다. 우리에게 기념하라고 하셨던 예수 그리스도는 생명의 떡입니다. 그 생명의 떡은 우리 영혼에 양식을 주고 활력을 줍니다. 저는 그분께 예배를 드리기 전에 당신을 결코 잊지 않고 그분의 하늘왕국을 당신의 마음 속에 세우셔서 그분이 당신 안에서 군림하시고 통치하시기를 간절히 기도하겠습니다."

―J. M. B. 드 라 모트 귀용―

    이곳에서 감금되어 있는 동안 어느덧 달력의 한 해가 넘어갔다. 그녀의 방문객은 교회법정의 판사인 샤롱 씨와 소르본느 대학의 박학한 의사 피롯트 씨, 의붓오빠 라 모트 신부 뿐이었다. 여러 번 이 세 사람이 귀용 부인을 찾아와서 죄목을 진술하고 사인을 하라고 강요했다. 그들은 귀용 부인의 초기 저작을 포함해서 그녀의 비정통적인 신앙적 관점을 철회시킬 명분이 필요했던 것이다. 하지만 그때마다 부인은 자기의 관점을 한 문장으로 요약하기를 완강히 거부했다. 그녀는 어쩌면 곧 처형대에서 죽게될지도 모르고 영원히 감옥에 갇혀있게 될지도 모른다. 그러나 그들이 제안한 거짓을 말하기보다는 차라리 죽음이 더 나았다. 한번은 그들이 루이14세가 직접 보낸 메시지를 가지고 왔다. 왕은 귀용 부인이 딸을 샹불롱 후작과 결혼하는 것을 허락하면 즉시 석방시켜 주겠다고 제안했다. 그러나 이 제안조차도 부인은 부정적으로 대답했다. 행동거지나 도덕성에 있어서 그리스도에 대한 신앙이 없는 그런 사람과 딸 마리아를 결혼시키는 것이 부당하다고 생각되었기 때문이다.

    거절에 익숙하지 않았던 왕은 다시 한 번 요청하면서 거절하면 죽을 때까지 혹은 뼈가 부러질 때까지 혹은 참수형에 처해질 때까지 감옥에 갇혀있게 될 것이라고 위협했다. 물론 자기의 요구에 응하면 이런 비극이 그녀에게 닥치지 않게 될 것이라는 것이었다. 그러나 귀용 부인은 샹볼롱 후작과 같은 남자에게 자기 딸을 넘겨줌으로써 자기 딸을 배반하는 짓은 하고 싶지 않았다. 또 주 예수 그리스도와 자기와의 관계를 유지하는 것만으로는 만족할 수 없었고, 어쨌든 주님께 거스리는 위험을 범하고 싶지 않았다. 또 자기 딸을 희생시켜서 자기의 상황을 호전시키고 싶지도 않았다.

어린 시절 '그리스도의 순교자'가 되고 싶었던 잔느 마리 드 라 모트는 자기의 꿈이 언젠가 성취될 날이 멀지 않았다는 것을 깨달았다. 순진한 어린 시절에 이미 자기의 운명을 예언했던 것이다. 그리스도의 순교자크 리스도와 복음을 위해서라면 자기의 생명을 버리는 꿈 … 어린이였지만 그녀의 욕망은 주님을 기쁘게 해드리는 것이었다. 이제 냉기와 습기, 혹은 누그러지지 않는 태양의 뜨거운 광선으로 견디기 힘든 작은 방에 앉아 귀용 부인은 무엇보다도 순교자가 되고 싶었던 5세의 어린 시절의 추억으로 거슬러 올라갔다. 이미 그 시간이 온 것인가? 자기는 그리스도를 위해서 죽기 위해 부르심을 입은 것일까?

"구약 시대에는 오직 하나님에 대한 믿음과 그 주장 때문에 굉장한 어려움을 겪은 주님의 순교자가 꽤 있었다. 초대 교회 때도 순교자들이 십자가에서 죽은 예수 그리스도의 진리를 지키기 위해서 자기들의 피를 흘렸다. 지금은 성령의 순교자들이 있는데 그들은 성령에 대한 자기들의 의존과 영혼 안에서의 그분의 통치와 하나님의 뜻의 희생자임을 증거하기 위해 고난을 겪는다.

선지자 요엘이 말한 것처럼, 성령은 모든 육체 위에 부어졌다. 예수 그리스도의 순교자들은 영광스런 순교자가 됨으로써 순교의 혼동스런 면을 말끔히 없앴다. 하지만 성령의 순교자들은 치욕과 부끄러움을 당하는 순교자들이다. 사탄은 이제 더이상 그들의 믿음이나 신앙을 건드리지 않고 즉시 성령의 지배권을 공격하여 영혼하에서 일으키는 그분의 천상적 동기를 반대하며 그들 신앙인들에게 있어 육신의 생각을 미워하시는 성령의 힘을 약화시킨다. 오, 성령, 사랑의 영이시여! 저를 영원히 당신의 뜻에 복종시키십시오. 마치 바람에 흔들리는 잎처럼 그렇게 당신의 거룩한 호흡에 움직이게 하십시오. 강렬한 바람이 저항하는 모든 것을 부수듯이 그렇게 당신의 거룩한 왕국에 반대하는 모든 것을 부수십시오."

## 11

# 자유—그러나 출감되지 못하다

귀용 부인이 자기의 불평없는 영혼을 감추었지만 개인적인 감정이 서신 속에서 견고히 드러난다. 한 친구에게 그녀는 이렇게 편지를 보냈다;

"바로 지금 너의 친절한 편지를 받았다. 그리고 너의 편지가 이 끔찍한 감옥에서 내게 위로가 되었단다. 이따금 나는 시편 기자의 표현을 내게 적용시키곤 한단다; '슬프도다, 내가 메섹에 머물고 게달의 장막에 거하다니! 나의 영혼이 평화를 미워하는 자와 오래 머물렀구나' 불구대천의 원수의 힘에 의해 이곳에 갇혀있는 동안 나는 내가 제공할 수 있는 영적인 가르침을 필요로 하는 사람들을 생각하지 않을 수 없다. 나의 노동과 환경 밖에 나를 가두어 놓은 이 신비한 섭리여! 빵을 원하는 무수한 아이들이 있는데 거의 아무도 그들에게 빵을 주지 못하는 것 같다."

귀용 부인은 프랑스와 스위스, 사보이의 그토록 많은 도시와 마을에서 유익한 시간을 보냈듯이 다시 한 번 사역하기를 갈망했다. 하지만 불평하지는 않았다. 오히려 성 마리아 방문수녀회의 제한된 구역에서 그토록 많은 사람과 서신연락을 하도록 허락하신 하나님께 감사했다.

귀용 부인이 그곳에 있던 8개월 간 네 번이나 샤롱 씨와 피롯트 씨가 다시 면접을 하려고 부인을 찾아왔다. 그녀에게 친절하고 예의바르던 그들 신사들이 그녀의 신앙과 견해의 진정한 특성의 깊이를 규명하기 위해서 신앙적인 문제에 대해 과거, 현재의 관점을 타진하였다.

"귀용 부인, 파리에서 사보이로 갈 때 동료와 추종자로서 라 콩브 신부와 같이 간 것이 사실이오?" 피롯트 씨가 물었다.

"제가 파리를 떠날 때 라 콩브 신부는 여러 해 동안 파리에 있지 않았습니다." 부인이 설명했다. "그러므로 그분과 함께 가는 것은 불가능합니다. 아닙니다. 전혀 그분은 저와 함께 있지 않았습니다."

"당신이 가르친 내적인 생명의 교리는 라 콩브 신부의 가르침이 아니었던가요?" 피롯트 씨가 날카로운 다음 질문을 던졌다.

귀용 부인은 어린 시절을 보냈던 수도원 학교와 친정집에서 자기가 어떻게 일찍부터 그리스도 신앙의 원리를 배워왔는지 설명하기 시작했다. 귀용 부인이 라 콩브 신부를 만난 것은 1671년이었고, 그것은 부인이 뷔르퀸디와 사보이에 가기 10년 전이었다. 라 콩브 신부가 방문하는 임무를 띠고 영적 지도자로서 귀용가에 온 것도 그녀의 의붓오빠 라 모트 신부에 의해 처음 소개되었기 때문이다. 아마 피롯트 씨는 라 콩브 신부가 귀용 부인의 책, 『짧고 쉽게 기도하는 법』을 감수했다고 생각한 듯 하였다. 이 책은 성직자들 사이에서 커다란 물의를 일으키면서 당시 투옥된 최초의 원인이 된 책이다. 그녀가 아무리 부인하고 항거를 해도 피롯트 씨는 그녀의 본래 수사본과 라 콩브 신부의 이름을 연관시키려고 별수단을 다 썼다.

"아닙니다. 그분이 쓴 것이 아닙니다. 그것은 제가 그르노블에 있었을 때 제가 직접 쓴 책입니다. 라 콩브 신부님은 그곳에 계시지도 않았습니다." 귀용 부인은 아무도 자기 이야기를 듣지 않는다는 사실을 잘 알면서도 자기의 입장을 설명하려고 애썼다. "그 책이 출판되리라고는 생각지 않았었습니다. 출판하려고 책을 쓴 것이 아니었습니다. 그르노블의 어떤 상담자가 제 책상에 있던 수사본을 자세히 보더니 다른 사람들에게 유익할 것이라고 생각했던지 제게 빌려달라고 요청을 하기에 즉시 허락했습니다. 그리고 출간된 것입니다. 제가 서문을 쓰고 장별로 나누었던 것도 그의 제안에 따른 것입니다."

면담은 계속되었다. 피롯트 씨와 샤롱 씨는 불을 품은 채 같은 질문을 계속 해대면서 자기네 이론과 고소내용에 근사치로 꿰어 맞추려고 계략을 폈다.

"당신 책에서는 교회가 규정한 기도는 무시하라고 되어있던데요? 주의 기도도 무시하라는 겁니까?" 피롯트 씨가 물었다.

"전혀 그렇지 않습니다. 저는 오히려 주님의 기도를 효과적으로 이용하는 방법을 설명하려고 심혈을 기울였습니다. 예, 저는 주님의 기도나 다른 모든 규정된 기도를 단순한 되풀이로 보았는데 그것은 다른 이유 때문이 아니라 오히려 우리를 하나님께 받으심직하게 하는 것은 단순한 기도의 되풀이가 아니기 때문입니다. 진정한 기도는 그 형식이 표현하고자 하는 마음의 뜻이기 때문입니다." 이것이 귀용 부인의 훌륭하고 열띤 답변이었다.

그러자 피롯트 씨는 어떤 놀라운 증거물을 한 장 내보였다. 그것은 귀용 부인이 완전히 날조된 것이라고 주장한 편지였는데 작은 수도회의 프란치스코 신부에게 보내진 것이었다. 이 편지에서 귀용 부인은 자기 집에서 열면 너무 위험하므로 여러 개인집에서 종교적인 집회를 갖기로 했다고 언급하고 있었다.

"이 편지는 누가 쓴 것입니까?" 샤롱 씨가 불쾌하게 물었다. "무슨 이유로 이것이 감쪽같이 날조된 것이라 생각하죠?"

"저는 누가 그랬는지 확실히 말할 수는 없습니다. 하지만 제 생각을 말할 뿐입니다." 부인이 말했다, "이 편지는 루이왕 앞에 놓여 대단한 물의를 일으켰고 저를 이곳 감옥에까지 보내게 했습니다. 제 생각에 이 편지는 대서인 고티에 씨가 쓴 것 같습니다. 그는 제가 아는 한, 이런 일을 취급하고 있습니다. 이것은 제가 쓴 것이 아닙니다. 확인하시려면 쉽게 드러날 것입니다. 게다가 파리의 프란치스코 신부님께 보내졌는데 확인하시면 아시겠지만 그분은 9월 첫째주에 아미앵을 향해 파리를 떠났습니다. 이 편지는 10월 셋째주로 날짜가 기록되어 있습니다. 여러분들이 이 일을 진지하게 처리하시기를 원하신다면 제 아들의 교육을 맡으신 프란치스코 신부님도 이 점에 있어서 제 말을 증언해 주실 겁니다."

자기의 종교적 견해와 작품에 대한 피롯트 씨의 일련의 질문에 계속 대답하면서 귀용 부인은 이렇게 말했다; "잘 아시겠지만, 저는 로마 카톨릭 교회의 품 안에서 태어났습니다. 그리고 제가 아직도 깊이 사랑하는 교회의 가르침 속에서 자라났습니다. 저는 소르본느의 박사가 아니므로 가르침을 주장할 필요가 없을 듯 합니다. 하지만 신학적인 수정이 요구되는 표현들을 간혹 언급했던 것은 사실입니다. 그리고 제게 권위가 있는 교회 안에서 몇 가지 교정된 것들에 대해 저는 이미 복종했습니다. 저는 제 생명을 교회에 바칠 준비도 되어 있습니다만 저는 단순히 말이나 형식에 있어서가 아니라 본질과 영에 있어서 카톨릭인입니다. 진실로, 로마 카톨릭 교회는 자기의 자녀가 형식 때문에 죽기를 원하지는 않을 것입니다. 오히려 그 형식은 예수 그리스도에 대한 믿음을 통해서 얻는 영적인 생명의 표현이어야 합니다."

"제가 했던 일을 하면서" 귀용 부인은 천천히 이야기했다. "저는 분당을 지을 생각이나 의도가 전혀 없었습니다. 하지만 위대한 내적 생명의 원리가 부흥되기를 바랐습니다. 저는 분당을 짓거나 이교도로 불릴 만한 일은 전혀 하지 않았습니다. 저를 이교도로 규정짓는 것은 사실과 다릅니다. 진실로 저는 하나님의 섭리가 제게 승인한 영역 안에서 하나님이 영혼을 일으키는 부흥을 위해 일을 하도록 허락을 받았다고 생각합니다."

이러한 모든 면담 이후에 아무일도 일어나지 않을 것처럼 보였고, 문은 여전히 밖에서 자물쇠로 채워져 있었다.

성 마리아 방문 수녀회에서 보낸 8개월의 긴 시간 이후 1688년 10월, 귀용 부인의 감방이 갑자기 열어제쳐지고 누군가 뜻하지 않은 방문객이 들어왔다. 왕명을 받은 전달자였다.

"당신이 귀용 부인입니까? 당신입니까? 아닙니까?" 그 군인은 즉시 물었고, 죄수를 다루는 관례를 전혀 모르는 사람 같았다.

"예, 예, 제가 귀용 부인입니다만 … " 무슨 일인지 의아해 하면서 귀용 부인이 대답했다. 많은 사람들, 심지어 고위층의 사람일지라도 교회나 국가가 규정한 것과 다른 견해를 가지면 투옥되고 심지어 죽임까지 당한다는 사실을 부인은 잘 알고 있었다. 그녀가 무슨 다른 운명을 기대할 수 있었겠는가?

"당신을 즉시 풀어주라는 명령을 가지고 왔습니다." 그렇게 말하면서 그 군인은 루이 14세왕의 사인과 봉인이 되어 있는 명령장을 부인의 손에 건네주었다. "부인, 당신은 자유로워 어디든 갈 수 있습니다." 그는 부인이 자유로운 시민이라는 새 신분을 강조하는 억양으로 말했다.

얼마나 기쁜 소식인가! 부인의 눈에는 눈물이 흘러 넘쳤다. 폭포수 같은 빗물처럼 주님의 신실함과 장엄함에 대한 찬양이 솟구쳤다. 몇 분 안에 부인은 개인적인 소지품과 노트를 챙겼고, 평정을 되찾았다. 드디어 자유다! 그토록 기도했던 날이 온 것이다! 하지만 어떻게 된 것일까? 진실로 하나님께서 그녀의 탄원을 듣고 응답하신 것이다. 그분은 그녀의 무죄를 알고 계셨던 것이다!

수도원 문을 통해 발자국을 내딛으며 맑은 공기와 태양을 맞으면서 이제 자유인이 된 귀용 부인은 무릎을 꿇고 말했다; "내 영혼아 나를 해방하신 하나님의 거룩하신 섭리에 대해 전능하신 하나님께 감사하라."

귀용 부인은 미라미옹 부인의 집에 머물고 얼마 후에 친구들이 자기를 위해 속전을 지불했음을 알게 되었다. 그녀를 알고 지냈던 많은 고위층의 부인들이 하나님의 해방의 능력을 증거했던 것이다. 미라미옹 부인은 귀용 부인이 수녀원에 있을 때 한 번 방문할 수 있는 허락을 받았었는데 방문 결과 영향력있는 다른 고위층의 부인들에게 귀용 부인이 처한 부당하고 끔찍한 상황에 대해 이야기를 전했다. 그녀는 맹트농 부인의 원조와 도움을 구했다. 매종포르 부인과 보빌리에의 공작 부인, 슈뵈즈 공작 부인은 귀용 부인을 위해서 루이 14세왕의 자비를 구했다.

성 마리아 방문 수녀회로부터 석방된 지 얼마 지나지 않아 파리의 대주교가 미라미옹 부인의 집으로 귀용 부인을 찾아와 감금되었던 동안 어떤 일이 일어났었는지 입을 다무는 것이 신상에 좋을 것이라고 말했다. 그 대주교는 귀용 부인의 체포와 유죄판결에 한몫 담당했었다. 귀용 부인은 걱정하지 말라고 말해주었다. 그녀는 교회의 성직자들이나 자기가 8개월의 끔찍한 시간 동안 갇혀있던 수녀원의 수녀들, 그런 부당한 행위를 허락한 왕에 대해서 나쁜 감정을 품고 있지 않았다. 그녀는 더이상 아무것도 이야기하지 않겠다고 약속했다.

귀용 부인의 가족에 대한 소식은 좀 부족한 편이다. 귀용 부인은 딸 마리아 잔느와는 친밀하게 지냈던 것 같다. 마리아 잔느는 귀용 부인이 감금되어 있는 동안 보의 백작인 L. 니콜라스 푸케 씨와 결혼하였다. 이 사위는 매우 폭넓은 이해력의 소유자였기에 귀용 부인은 석방 후 잠시 프랑스의 새로운 정치적 분위기를 알아볼 겸 딸 사위네 집에서 머물렀다.

위대한 루이왕의—그는 흔히 그렇게 불리웠다—개인적 야망과 강력한 통치자로서의 종교·정치적 집권력 아래 국가는 네 차례의 주요한 전쟁을 치르면서 극도의 방탕과 최고도의 재정적 파탄에 이르렀다. 루이14세왕은 유럽에서 최상으로 군림하기를 원했다. 그는 라인강의 서부지역 모두를 정복하기를 원했다. 하지만 영국과 스페인, 신성로마제국, 다른 여러 유럽동맹국들의 군사적 동맹에 의해 번번이 저지당하였다. 루이 14세왕은 정치적 이익을 위해서 교황 이노센트 12세로부터 개인적인 호감을 사고 싶어했는데 교황은 로마 카톨릭 교회의 최고의 권위자였다. 루이 14세는 모든 프랑스 시민과 거주자들을 '카톨릭'인으로 만드는 것을 목표로 삼았다! 그렇게 하려면 국민들에게 종교의 자유를 명시적으로 보장했던 프랑스의 현존법을 개혁해야 할 필요가 있었다. 그래서 왕은 1598년 헨리 4세에 의해 제정된 낭트칙령을

1685년 폐지하기에 이른다. 낭트칙령은 금세기의 프랑스 프로테스탄트 교도들과 자유사상가들을 법적으로 보호하고 인정하게끔 되어 있었다. 이제 정부포고령에 의해서 이교도적이라 판단되는 모든 믿음의 행위는 국가법을 범하는 범죄가 되었다. 경직된 로마 카톨릭의 정통에 조금이라도 어긋나면 추방되거나 투옥, 이따금 사형선고까지 받게 되었다.

입법부는 왕의 영적 고문관이었던 라 쉐즈 신부의 열렬한 영향력과 맹트농 부인의 영향력 아래 더욱 억압적이 되어갔다. 처음에 프랑스 위그노들에 반대해서 작성된 칙령은 실상 참으로 냉혹했다. 이교도라고 혐의를 받은 사람들은 참수형까지 당했다. 사제들이나 프로테스탄트 목사들은 모두 자기들 교회로부터 강제로 쫓겨났고, 많은 사제들이 제명당하고 수녀원이나 수도원, 감옥으로 추방당했다. 종교적인 집회는 인정된 로마 카톨릭 교회와 여러 수도원, 기관들을 제외하고는 모두 금지되었다. 프로테스탄트 책과 성경 낱권들, 시편을 읽는 행위가 완전히 금지되었고, 만일 발견되면 교회와 국가를 위해서 실권을 행사했던 지역교회 당국에 의해서 압수되고 화형식을 당했다. 개인집이나 종교적 집회, 공공장소에서 시편을 노래하는 것도 금지되었다. 오직 한정된 약간의 자유만 허용했던 루이 14세의 집정은 프랑스 국민을 로마 카톨릭 교회의 손아귀로 되돌려주고 많은 사람들을 감옥으로 보냈으며 생명부지를 위해 공포 속에서 살도록 강요했다.

같은 해 라 쉐즈 신부의 주장으로 루이 14세왕은 몰리노스의 가르침을 금지하라고 이노센트 12세를 부추겼다. 예수회는 그의 가르침을 로마 카톨릭 전통에 도전적이라고 여겼다. 그들이 두려워한 것은 몰리노스의 사상이 프로테스탄티즘의 빠른 진보의 길을 열지도 모른다는 생각 때문이었다. 미카엘 드 몰리노스는 당시 교황의 명령으로 유죄판결을 받고 도미니크 수도원에 감금된 상태였다. 몰리노스는 수사, 수녀들에게 묵주기도나 종교적인 형식을 버리고 내적으로 하나님을 섬기라고 충고했고, 공인된 성인들의 중재를 통해서가 아니라 직접 하나님께 기도하라고 충고했다. 귀용 부인 역시 중재를 통해서가 아니라 직접 하나님께 기도하라고 충고했다. 귀용 부인이 몰리노스와 직접 만난 적은 없었지만 그들은 신앙적인 문제에 있어 교리적 견해나 의견이 상당히 비슷했다. 이런 이유 때문에 예수회는 몰리노스를 정죄한 것처럼 귀용 부인도 이교도라고 선별했던 것이다.

귀용 부인이나 몰리노스 둘 다 성 프랑시스 드 살르와 십자가의 요한, 성녀 테레사, 자네 프랑시스 드 샹탈, 사도이자 신부인 어거스틴이나 토마스 아퀴나스 같은 사람들의 작품에 강한 믿음의 영향을 받았다. 그들 가르침의 주요 골자는 그리스도인의 삶에 있어 내적인 평화와 경건, 하나님의 거룩한 뜻에 대한 순종이 주 예수 그리스도께 대한 약속과 섬김의 생애를 허락한다는 것이었다. 하지만 이것은 공식적인 교회에 의해 조명된 것과 달랐다. 너구나 교황의 호감을 사는 데 결정적으로 성공했던 루이 14세왕에게는 그렇게 빗나간 가르침은 전혀 용납될 수 없었다.

모든 사람들을 교회의 자비로운 품으로 되돌아오게 하기 위해서 왕은 심지어 군사력까지 사용해 사람들의 목에 칼날을 들이대었다. 그러나 왕의 공식적인 포고령과 체포의 엄한 위협으로도 프랑스 위그노들과 다른 프로테스탄트관들을 로마 카톨릭으로 되돌아오게 할 수는 없었다. 이러한 야만스런 설득방법은 카톨릭 개종자들보다는 그리스도의 순교자들을 만드는 데 더 효과적임이 드러났다. 이교도라고 고소받은 사람들은 교회에 의해서 유죄판결을 받고 국가의 죄수처럼 투옥되었다. 어떤 사람들은 재판도 받지 못한 채 심사를 한다는 추정 아래 수도원이나 수녀원에 감금되었다. 예배방식이 로마 카톨릭식의 믿음이나 의식절차, 전통과 다르다는 이유로 많은 사람들이 처형을 당했고, 또 당시 감옥에서 횡횡하던 비인간적인 상황에서 죽는 사람들도 있었다. 1687년 한 해 동안만 해도 147명의 위그노들과, 쟝세니스트들처럼 비정통의 신앙인들이 바스티유 감옥으로 유배당했다. 1689년에는 61명이 그런 운명에 처해졌다. 참으로 참담한 시대였다.

20만 프랑스 사람들의 집단 탈출사건이 발생했고, 프랑스의 경제력은 거의 국가적 파산의 지경으로 줄어들었다. 생명을 건지기 위해서 위그노들은 옮길 만한 약간의 소유물들을 지닌 채 프랑스 국경을 넘어 스위스, 독일, 네델란드, 영국으로 탈출했다. 그들은 자기의 조국에서 더이상 얻을 수 없는 자유, 신앙의 자유를 찾기를 희망했다. 위그노들 대부분이 중류층이었기 때문에—그들은 대부분 국가의 생산적이고 전망있는 계층에 속했다—그들의 출국은 프랑스 정부의 세입량이 상당히 줄어드는 결과를 빚어냈다. 프랑스는 이 직접적인 손실 때문만이 아니라 뒤에 남은 시달린 시민들의 피로와 낙망 때문에 더욱 빈곤에 빠지게 되었다.

마침내 군사력으로도 사람들을 로마 카톨릭시즘으로 되돌이킬 수 없다는 것을 깨달은 왕은 자기의 전략을 바꾸기로 결심했다. 하지만 왕은 교황에게 무엇인가 좋은 인상을 남기고 그의 눈에 들기 위해서 무엇이든 하기는 해야 했다. 더구나 이미 진행된 상태 이상으로 더 프랑스를 약화시키기 전에 경제적인 침체로부터 국가를 건져야만 했다.

아마도 왕은 뛰어난 성직자들이 새로운 카톨릭인을 만드는 일을 수행할 수 있으리라 생각했던 것 같다. 그것이 법적인 포고령이나 군사

## 11. 자유―그러나 출감되지 못하다   137

력, 투옥의 위협, 처형의 방법보다 더 낫다고 생각되었기 때문이다. 그래서 루이 14세왕은 이해력있고 적격한 사제를 발굴했다. 그는 명분에 충실하고 국민들과 좋은 관계를 유지하며 프로테스탄트교도들의 신념을 꺾기 위해 그들에게 충분히 동정적일 수 있고, 이 임무에 있어 효과적으로 성공할 때의 출세를 노리는 충분히 정치적으로 야망이 있는 누군가가 필요했던 것이다.

바로 이때 젊은 신부, 프랑스와 드 살리낙 드 라 모트 페늘롱 신부가 로마 카톨릭 교회와 프랑스의 정치적인 상황에서 크게 부각되었다. 자기 장상에게 좋은 추천을 받았던 이 신부는 프로테스탄트교도들과의 문제를 성공적으로 잘 처리할 듯 보였다. 또한 이 일에 있어서 교회와 왕정의 인정을 받기 원하며 충분히 야망이 있어 보였다. 그래서 루이 14세 왕은 페늘롱 신부가 이 일에 적격자라는 조언을 받아들였다.

퐁 드 살리낙 백작의 작은 아들인 프랑스와 페늘롱 신부는 1651년 프랑스 남부에 있는 사르롯, 페리고르의 페늘롱 성에서 태어났다. 그는 어린시절 교육을 거의 가정에서 받았다. 어린 시절부터 그는 종교와 교회의 길에 열광적이었다. 12살이 되었을 때 그는 카오르 대학에 갔고, 나중에는 파리의 플래시스 대학에 다녔는데 거기서 그는 독보적인 학생이었다. 그는 15세에 첫번째 설교를 했고, 이어서 성 쉴피스의 신학교에서 신학을 공부했다. 페늘롱 신부의 종교적 사상과 하나님께 대한 진지한 열성은 성 쉴피스 신학교의 원장인 트론슨 씨에게서 영향을 입은 것이 틀림없다. 트론슨 원장은 교회에서 그리스도적 신비가로 알려져 있다. 1675년 24세의 나이로 프랑스와 페늘롱 씨는 예수회의 사제가 된다. 그후 3년 동안 그는 성 쉴피스 본당을 가장 효과적으로 사목하여 성도들의 사랑을 받았다. 한때 그는 당시 프랑스 권한에 있던 캐나다 선교사로 불림받는 문제로 심각하게 고민한 적이 있었다. 그러나 삼촌의 반대로 페늘롱 신부는 다시 신학과 철학, 교육학을 공부하고 개인적인 신심에 몰두한다. 페늘롱 신부의 재능은 글쓰기와 가르침에서 뛰어났다. 철학과 교육학에 관한 그의 책들과 신심의 주제에 관한 책 중 어떤 것들은 오늘날에도 종교학자들 사이에서 칭송을 받을 정도다.

그러므로 프랑스와 페늘롱 신부는 프랑스 프와투의 현저한 프로테스탄트 지역도시의 프랑스 위그노들과 다른 프로테스탄트교도들, 새로운 카톨릭인들 사이에서 사역하라는 허락을 루이 14세 왕으로부터 받았다. 그러나 이 임무를 수락하기 전에 페늘롱 신부는 자기 교구로부터 군인들을 이동시키고 자기에게 사람들을 보다 조직적인 방법으로 다룰 수 있는 자유를 허락해 달라고 왕에게 요청했다.

프와투에서 하나님과 국가를 위해 일하고 있을 때 그는 이상한 여인, 잔느 귀용 부인에 대해서 소문을 들었다. 스위스와 사보이, 프랑스에서 자발적으로 사역을 하겠다는 미망인으로서 카톨릭인이나 프로테스탄트교도들에게 잘 알려진 인물이라고 … 페늘롱 신부는 적절한 기회에 그녀를 만나리라 결심했다. 물론 그것이 얼마나 위험한 일인지 잘 알고 있었다. 이미 이교도로 찍힌 이 젊은 미망인과 슬쩍 접촉하기만 해도 자기는 왕의 총애를 상실할 수 있고, 자기의 명성이나 정치적인 미래도 파괴될 지 모르기 때문이다. 그녀와의 단순한 만남만으로도 심지어 이교도라 불릴 가능성도 있었던 것이다. 그렇기에 확실히 그녀를 만나지 않는 것이 현명한 조처였다. 하지만 이상하게도 그 여인을 만나야겠다는 생각을 도저히 포기할 수가 없었다. 물론 조심해야 한다는 생각은 했다.

후에 1688년 10월, 페늘롱 신부는 프와투에서 3년 간의 임무수행을 마치고 돌아오는 길에 귀용 부인의 고향인 몽타르지를 지나오게 되었다. 그는 가능한 한 조심스럽게 귀용 부인에 대해 물어보았다. 샤로스트의 공작 부인을 통해서 그들 귀용 부인과 페늘롱 신부의 상호적인 접촉이 처음으로 벤느의 화려한 공작 부인의 집에서 이루어졌다. 추측건대 귀용 부인과 페늘롱 신부는 그 전에는 서로 거의 몰랐던 것 같다. 아무튼 이 호기심 많은 신부는 그녀의 책을 읽은 적이 있었기 때문에 그녀가 낯설지 않았다. 그녀의 독특한 영적 경험과 하나님의 뜻에 대한 완전한 항복에 관해서 그는 여러 번 들은 적이 있었다. 그리고 이 두 사람에게는 무엇인가 공통된 점이 있었다. 둘 다 극도로 부유한 상층계 출신이라는 것과 고위계층에 속해 왕정에 잘 알려져 있다는 사실, 또 두 사람 다 상당히 이해력이 뛰어나고 지성적이라는 점이다. 그리고 가장 중요한 사실은 무엇보다도 하나님을 알고 그 뜻을 행하고 싶은 열망이 그 두 사람에게 모두 상당히 강했다는 사실이다.

이제 40대의 페늘롱 신부는 그의 친절한 언행방식과 예민한 심성, 매력적인 정열로 아직도 쟁쟁한 미래를 갖고 있었다. 그는 고아원에서나 왕정에서나 특별한 경우에 상관없이 자기 자신을 솔직하게 드러내었다. 그는 키가 컸고 말랐으나 균형이 잘 잡힌 몸매에 창백한 피부색, 큰 코와 깊은 눈의 소유자였다. 얼핏 보기에 페늘롱 신부는 엄숙하고 진지하며 상상력이 풍부하고 호기심 많으며 명랑하면서도 경건하고 헌신적인 그리스도인, 당대의 지적인 거장으로 묘사될 수 있다. 사고력에 있어 창조적이고 독창적인 페늘롱 신부는 그의 단순함 때문에 웅변가적인 설득력을 겸비한 예언자처럼 보였다. 그는 대략 이런 사람이었다. 그의 장상은 그를 삶에 전적으로 헌신하고 하나님과 프랑스, 로마 카톨릭 교회의 영광을 위해서 일하는 사람이라고 평가했다.

성 마리아 방문 수녀회에서 나온 후 귀용 부인은 남동생인 그르과르 봐비에르 드 라 모트에게 다음의 편지를 보냈다;

"사랑하는 동생아! 네게서 소식을 받을 때마다 항상 기뻤다. 하지만 지난번 편지는 그 어느 것보다도 더 큰 만족을 주더구나. 네가 나에 대한 하나님의 손길을 이해하고 나의 상황에 전적으로 감사하는 유일한 가족이므로 나는 너의 편지를 너의 그리스도의 사랑에 대한 증언으로서 받아들였다.

주님은 내적인 신앙의 부흥을 위한 사역 속에서 나를 축복하셨다. 특별히 그르노블에서 일이 상당히 잘 되었다.

사랑하는 동생아, 아무런 숨김없이 네게 말한다. 처음에 나의 영혼이 하나님과 연합되었을 때 나 자신의 뜻은 그분의 거룩한 뜻 안에서 완전히 사라졌다. 그러므로 나는, 표현을 하자면, 하나님과의 연합 안에서 … 나의 외부에서 살아간다 … 하나님은 그분의 거룩하게 하심과 모든 것을 아는 은혜에 의해 나의 모든 것의 모든 것이 되셨다. 한때 나를 괴롭혔던 자아는 뿌리째 뽑혀 이제 더이상 찾아볼 수가 없다. 사물과 사건 안에서 알려진 하나님—그것은 '내가 있고' 무한한 존재가 알려질 수 있는 유일한 길—어떤 의미에서는 모든 것이 내게 하나님이 된다. 나는 있는 모든 것 안에서 스치는 모든 것 안에서 하나님을 발견한다. 피조물은 아무것도 아니고 하나님은 전부이다.

왜 주님께서 나의 사역 속에서 나를 축복하시느냐고 네가 묻는다면 그것은 그분이 우선이기 때문이다. 그리고 내 뜻을 치워버림으로써 그분은 나를 공허 속에서 아무것도 아닌 것으로 만드신다. 주님의 손길을 인정하면서 나는 정신적으로 뿐만 아니라 육체적으로도 하나님의 대리권을 말하게 된다. 그분은 나의 빈약한 건강과 신체적인 약함 속에서 나를 끌어가신다. 나는 약하지만 그분은 나로 하여금 내 생애에 있어 오랫동안 낮에 이야기하고 밤에는 글을 쓰도록 항구적으로 내게 힘을 주신다.

지난 시간 동안 나는 낮에 일을 한 후에 밤에는 성경에 대한 주석을 썼다. 나는 이 일을 그르노블에서부터 시작했다. 나의 노동량은 많고 건강은 나빴지만 주님께서는 6개월 동안 구약의 모든 책의 주석을 쓰도록 내게 힘을 주셨다.

다른 것처럼 이 일에 있어서도 나는 모든 것을 기꺼이 주님께 맡겼고, 일을 할 때나 고난을 겪을 때나 그러하였다. 내 생각에는 하나님께서 우리 안에서 일하시도록 우리 자신의 행위를 멈추는 것이 지고의 축복이다.

나의 사랑하는 동생아, 이 글은 나의 특수한 상황을 표현했지만 이것이 또 너의 상황이 되기를 기도한다. 이런 상황에서는 부귀나 가난, 슬픔이나 기쁨, 생명이나 죽음이 모두 하나일 뿐이고 — 무한하신 하나님 앞에서 그 모든 것은 찰나이다 — 오직 참된 천상의 안식, 영의 진정한 낙원이 있을 뿐이다."

# 12

# 페늘롱 신부와의 만남

아무도 귀용 부인과 프랑스와 페늘롱 신부와의 만남이 비극적인 종말을 품은 채 그 관계가 시작되리라고는 예상하지 못했다. 하지만 페늘롱 신부의 뛰어난 경력이 허사가 될 수도 있다. 많은 무죄한 그리스도인들이 귀용 부인과 만났다는 이유로 투옥되고 몇 년씩이나 박해를 견디어야 했기 때문이다.

검은 양복에 하얀 로만컬러를 한 페늘롱 신부가 정중한 예의와 매력을 갖춘 아직도 젊은 미망인에게 인사를 했다. 귀용 부인은 겨우 성마리아 방문 수녀원에서 나온 지 얼마 안된 상태였다. 이제 그녀는 미라미옹 부인의 집에서 평정을 되찾아 주님의 다음 명령을 기다리고 있는 중이었다. 그녀는 평소대로 뻣뻣한 검은 원피스를 입고 움푹 들어간 턱 아래의 목을 수녀들처럼 두건으로 조였다. 수 년 전에 앓았던 수두로 얼굴이 얽었음에도 불구하고 침착한 모습이 오히려 매력적으로 보였다.

바로 그 처음 만남부터 그 둘은 서로에게 호기심을 느끼는 것처럼 보였다. 그들은 성경에 대해 토론을 하면서 드디어 그리스도인의 내적 경험, 정결한 사랑, 성령의 일, 기도에 대해서 이야기를 나누었다. 신중한 사람이었던 페늘롱 신부는 이따금 그녀의 진보적인 신학적 언급에 대해서 반대를 하곤 하였다. 귀용 부인은 그의 질문에 성경 뿐만 아니라 성인들의 책을 인용해서 간결하게 답변하는 데 최선을 다했다.

페늘롱 신부는 이 여인이 지닌 성경적 지식과 영적 통찰력에 감명을 받은 채 떠나갔다. 그 다음날, 그들은 다시 만났다. 이번에는 의심을 피하기 위해서 파리에 있는 베튀느 공작 부인의 집에서 만났다. 귀용 부인은 자기가 체험했던 새로운 영적 생명을 이 탐구적인 신부에게 다시 설명했다.

그 다음 주가 되었을 때는 이미 귀용 부인은 페늘롱 신부의 영적 성장을 위해서 자기가 짊어져야 할 짐을 벗어버릴 수 없게 되었다. 그녀는 그를 위해서 단식하며 기도했다. 그리고 1688년 11월 주말에 귀용 부인은 하나님께 자기의 뜻을 버리고 완전히 항복할 것을 권하는 편지를 페늘롱 신부에게 보냈다; "지난 7일 간 저는 당신을 위해서 계속 기도해 왔습니다. 마음 상태가 좀 색다르더라도 저는 그것을 기도라고 생각합니다. 저는 특별히 원하는 것이 아무것도 없습니다. 다만 저의 영혼이 하나님 앞에 끊임없이 대상을 드리며 하나님의 뜻이 그 대상 안에서 성취되고 하나님의 위대한 영광이 드러나기를 원할 뿐입니다. 마치 잠시도 쉬지 않고 어둠 속에서 타오르는 불빛처럼 말입니다."

그녀는 편지에서 계속 이렇게 적고 있다; "제가 신부님께 제안한 기도는 피조물의 일이 아닙니다. 그것은 스스로 만든 공식적이고 외적인 기도가 아닙니다. 오히려 영혼 안에서 말씀하시는 성령의 목소리이고 인간이 절대 방해하거나 조정할 수 없는 내적인 목소리인 것입니다. 성령께서는 효력있게 기도하십니다. 내적인 목소리가 멈출 때 그것은 탄원하던 은혜가 내려졌다는 것의 징조입니다. 저는 여러 영혼들을 위해서 기도할 때마다 이런 마음의 상태를 경험했습니다. 영의 격렬한 투쟁은 그다지 오래가지 않을 것입니다. 하나님의 계획이 신부님에게 성취될 것이기 때문입니다. 달리 어떻게 될 리가 없기에 저는 그것을 확신합니다."

하나님의 마음을 잘 아는 것처럼 행동하고, 교회의 문제에 있어서도 교육과 훈련을 잘 받은 이 신부는 쉽게 영적인 개념을 파악할 수 있었다. 귀용 부인의 중요한 책을 그가 쉽게 요약해 놓은 것이 그 증거물이다. 『영혼의 하나님께 귀의함에 관한 귀용 부인의 간결한 견해』(*A Concise View of the Soul's Return to God*), 『하나님과의 연합』(*Its Reunion with Him*)의 요약은 다음과 같다; (1) 우리는 항구적으로 영혼을 완전히 하나님께 드려야 하고 모든 천성적인 힘과 욕구를 하나님께 복종시켜야 한다; (2) 우리는 내적인 느낌에 의지하는 것을 포기해야 한다; (3) 우리는 자신의 내적, 외적 능력에 의존하지 말아야 한다; (4) 우리는 다가오는 모든 것을 숙명적으로 받아들여야 한다; (5) 우리는 새 생명, 사랑의 생명의 부활을 체험할 수 있다; (6) 마지막으로 우리는 하나님과 완전한 연합에로 돌입할 수 있다.

그러나 페늘롱 신부가 그토록 복말라하던 깊은 영적 생명의 체험을 하기 시작한 것은 귀용 부인의 견해가 전적으로 옳다고 생각되어 자기의 생각을 포기하기 몇 주 전부터였다. 그가 자기에게 필요한 것이 무엇인지 깨닫고, 자기의 뜻을 하나님의 뜻에 완전히 맡겼을 때 그의 전 생애가 갑자기 변했던 것이다. 세상적인 욕망이나 개인적인 야망이 즉시 사라졌다. 그는 그리스도의 거룩한 사랑과 목적에 사로잡힌 사람이 되었다. 누군가 하나님의 전신갑주를 입은 사람이 있다면 그 사람은 이미 성령의 충만함을 소유한 사람일 것이다. 이제 하나님의 무기로써 신앙을 수호하기로 결심한 페늘롱 신부는 자기 신앙의 원리가 이제 더 이상 교황의 교리—로마 카톨릭 교회가 규정한—와 완전히 일치하지 않는다는 사실을 깨달았다. 귀용 부인을 처음 만난 날부터 페늘롱 신부는 그리스도교 신학과 성경교리, 특별히 자아의 죽음에 관한 지식의 제1인자가 되었다. 진정한 십자가의 군사처럼 페늘롱 신부 역시 진실로 영적인 원수가 있고 성령의 힘으로 주님을 위해 싸워야 할 전투가 있음을 발견했다.

그러는 동안 페늘롱 신부의 정치적인 빠른 진출을 보장해 줄 획기적인 결정이 이루어졌다. 왕의 손자를 관리하는 보비에르 공작이 왕좌를 계승할 어린 뷔르건디 공작의 학습을 위해서 페늘롱 신부를 뛰어난 학자요 유능한 개인교사요 특출한 종교 교육자로 왕에게 천거를 한 것이다. 이 때가 1689년이었다. 루이 14세왕은 이미 페늘롱 신부의 프로테스탄트와 새로운 카톨릭인에 관한 프와투에서의 활약을 알고 있었기 때문에 주저함없이 자기 손자의 개인교사로 페늘롱 신부를 임명했던 것이다.

어린이를 맡은 고직의 임무를 위해서 페늘롱 신부는 많은 국가의 정부인들을 세밀하게 관찰한 어떤 젊은이에 관한 소설,『텔레마코스의 모험』(The Adventure of Telemachus)을 썼다. 이 책에는 루이 14세왕에게 보내는 편지에서도 분명히 밝혔듯이, 절대왕정에 대한 페늘롱 신부의 비판이 소년과의 토론을 통해 암묵적으로 내포되어 있었다. 그는 또한『우화』(Fables)와『대화』(Dialogue)를 썼는데 그것은 소년에게 적절한 예의 태도와 본받아야 할 행동양식을 가르치기 위해서였다.

고집스럽고 거칠며 성미가 급하고 버릇이 없는 어린 공작은 자기 주위의 사람들에게 "왕족의 못된 불한당"이라 불리고 있었다. 그러나 페늘롱 신부의 유능한 가르침을 받은 지 얼마 후부터 어린 소년의 태도가 눈에 띄게 달라졌다. 그는 자기를 어느 정도 자제하고 억제할 줄도 알았고, 여러 가지 장점을 보이기 시작했다. 그 모든 것은 페늘롱 신부의 성실한 그리스도적인 영향 때문인 것이 분명하다. 실상, 역사가들은 이 어린 공작이 만일 매우 강력하게 군림하는 실제 왕으로 군림했었더라면 프랑스의 역사는 상당한 피를 흘렸을 것이라고 주장한다.

왕의 총애를 받고 왕정에 수많은 친구들이 있었던 페늘롱 신부는 별 수단을 쓰지 않고도 베르사이유 궁전에서 영원히 사역할 수 있는 유리한 특권을 누렸던 셈이다. 고위층의 수많은 사람들의 영적 신부로서 그는 많은 시간을 궁전에서 보냈고, 그곳이야말로 그가 사역하기에 좋은 장소였다.

일찍이 1697년, 페늘롱 신부는 캉브라이 대주교로 임명되었다. 거기서 페늘롱 신부는 사람들에게 대단한 존경과 사랑을 받게 된다. 확실히 그는 신속하게 스타로 등장하였다.

"제가 어떤 식으로든 제 자신을 합리화하고자 하는 것은 오직 하나님의 지혜를 보욕하는 것이기 때문에 제가 모든 것을 감수하기로 단념하고 그분의 손으로부터 모든 힘을 받기로 했을 때 하나님께서는 저를 완전한 희생의 위치에 놓으셨습니다. 주님께서 누군가 고난을 겪게 하실 때는 가장 덕망있는 사람들도 즉시 눈을 멀게 하십니다. 그렇기에 악한 사람이 하는 박해는 교회의 종들이 자기네가 옳다고 생각하기 때문에 열정적으로 짓밟는 박해에 비하면 아무것도 아닙니다. 계략적으로 제게 이렇게 박해를 가하는 사람들이 현재 많이 있습니다. 그 사람들은 저를 혐오스러운 눈으로 보고 이상한 사람으로 취급합니다. 그러나 오 주님, 당신을 기쁘게 해드리는 데 평안하기 때문에, 세상에서 최대의 존경을 받느니 차라리 모든 사람들에게 정죄받으며 절대적으로 겸손하겠습니다. 가슴이 찢겨지는 고통 속에서도 다른 모든 사람들의 정죄나 쓰라린 항의보다는 제 양심의 비난이 훨씬 더 두렵다고 제가 당신께 몇 번이나 말씀드리지 않았습니까!

# 13

# 보쉬에 주교의 반대

페늘롱 신부와 귀용 부인은 2년 동안 딸과 사위, L. 니콜라스 푸케, 보의 공작의 즐거운 새 집에서 자주 만났다. 페늘롱 신부는 푸케 가와 긴밀한 친구였기 때문에 아무 의심없이 그 집을 자주 드나들면서 귀용 부인을 만날 수 있었다. 그러나 1692년 귀용 부인은 푸케 가를 떠나 파리에서 조촐한 집을 한 채 빌렸다. 이로 인해 그녀는 루이 14세 왕정의 부인들과 우정을 나눌 수 있게 되었고, 왕정의 공식석상에서 페늘롱 신부를 여러 번 만났다.

그때 만난 부인들 중 한 사람이 맹트농 부인이었는데, 그녀는 왕의 부인인 마리아 테레사가 1683년에 죽은 후, 비밀리에 왕과 결혼한 여인이었다. 정치적인 이유 때문에 그들의 결혼은 발표되지 않았다. 맹트농 부인은 비밀리에 결혼하기 전부터 왕이 총애하는 연인이었다. 여러 해 동안 루이 14세가 프랑스의 절대군주였지만 실제 왕좌 뒤에서 중대한 결정을 하며 실세를 행사한 것은 놀랍게도 바로 맹트농 부인이었다. 맹트농 부인은 자기의 손아귀에 왕을 사로잡고 있었다. 그녀는 자기가 원하는 것이면 무엇이든 왕으로부터 얻어낼 수 있다는 것을 알고 있었다. 그러나 그런 총애와 돈, 권력을 지녔으면서도 맹트농 부인은 진정한 행복도 어떠한 만족도 발견하지 못했다. 어떤 친구에게 그녀는 이런 편지를 보냈다; "바로 몇 년 전만 해도 잘 상상하지 못했던 행운의 최정상에서 이렇게 우울증으로 죽어버릴 것만 같은 나의 심정을 부인은 모르시겠지요? 나는 젊고 아름답고 고상한 취미도 있고, 만능적인 사랑의 대상이기도 합니다. 더욱 나이가 들어서도 나는 지적인 즐거움을 위해 여러 해를 보냈습니다. 하지만 부인, 이러한 모든 조건들이 마음 속에 완전히 음울한 공허를 남겼음을 단언합니다."

맹트농 부인이 귀용 부인과의 만남을 갖고 베르사이유의 궁전으로 귀용 부인을 초대한 것은 바로 그때 그녀가 무엇엔가 기댈 것을 필요로 할 때였다. 그들은 복된 구세주의 사랑과 죄의 용서, 타락한 본성에 대한 그리스도의 승리, 여러 성경의 진리들에 대해서 이야기를 나누었다. 주 예수 그리스도에 대한 믿음이 자기의 영혼에게 죄사함의 지식을 나누어줄 수 있었으니 맹트농 부인이 얼마나 감격했겠는가! 진정한 기쁨과 행복이 그녀의 인생에 싹텄던 것이다. 모든 것이 실패할 때 오직 예수는 실패하지 않으신다!

1686년, 맹트농 부인은 애덕기관, 성 시리스 수도원 학교를 설립한다. 그 학교는 국가 공무원이나 사상자들의 딸들에게 교육원조를 하기 위해 호의로 세워졌다. 25세 미만의 거의 2백 50명 가량 되는 소녀들이 이 학교 기숙사에 수용되었다. 맹트농 부인의 후한 기금과 왕정의 고위층 부인들이 모든 연구비를 원조하였다. 맹트농 부인과 미라미옹 부인 둘 다 그곳에서 교사로서 규칙적으로 일을 하였다.

학교에 자유롭게 접근할 수 있다는 보장을 받은 귀용 부인은 그곳에서 맹트농 부인을 자주 만났다. 귀용 부인은 가르치는 것보다는 영적인 문제에 대해 소녀들과 상담을 하는 일을 주로 맡았다. 얼마 후, 몇 명의 소녀들이 맹트농 부인과 미라미옹 부인에게 귀용 부인이 자기들이 하나님을 찾는 것을 도와주었다고 보고하였다. 귀용 부인을 만나기 전에는 그런 일이 일어나지 않았다. 의식이나 형식, 굳은 교리, 로마 카톨릭 교회의 전례에 익숙해 있기는 하지만 그 소녀들은 처음으로 그리스도교성이 종교가 아니라 중심을 그리스도로 채우는 삶의 방식임을 알았다. 그들은 하나님이 자기들을 사랑하시고 그 아들 예수 그리스도가 자기들을 구원하시기 위해 죽었으며 그가 자기들을 하늘의 아버지께 영원히 중재하기 위해서 죽은 자 가운데서 살아나셨다는 사실을 알게 되었던 것이다. 그 결과, 대부흥의 역사가 성 시리스 수도원에서 일어났다. 소녀들은 학교의 예배시간에 오는 샤르트르 주교나 원장에게보다도 귀용 부인에게 더 영적인 도움을 구했다. 성경을 열심히 읽고 기도하고 하나님께 맹세한 소녀들은 다른 사람들에게 주님에 대해 그리고 어떻게 자기들의 생활이 갑자기 보다 낫게 변했는지 간증을 했다.

이제 이 부흥에 대해서 다른 지역에도 그 소식이 전해졌다. 사람들은 제스나 토년, 그르노블에서처럼 귀용 부인에게 찾아왔고, 그녀는 주님을 위해서 열심히 일했다. 귀용 부인은 건강이 나빴지만 영적 지도를 바라는 모든 사람들과 이야기하고 함께 기도하는 일에 전념했다. 많은 사람들이 회개하였고, 어떤 사람들은 의사가 불치의 병이라 선언한 것을 기적적으로 딛고 건강하게 되었다. 또 전혀 경험해보지 못한 내적인 평화를 얻은 사람들도 있었다. 그리하여 영적 부흥의 역사는 계속 일어났다.

하나님의 축복의 넘침 뒤에는 귀용 부인의 적들이 나타나 거짓말과 나쁜 소문, 거짓된 비난을 빠른 속도로 퍼뜨리고 이미 행해진 선행들을 뒤엎으려고 애쓰게 마련이다. 그 결과 주교는 그녀에게 성 시리스 수도원 학교에서 일을 하지 못하도록 명령했다.

그러나 같은 해 1689년 초에, 디종의 마을에서 일어난 영적 부흥과 그녀의 작품에 의해서 귀용 부인을 신뢰했던 신부와 신학교수들이 있었다. 그 3년 전인 1686년 귀용 부인이 베르세이에서 파리까지 가는 여행 도중 갑자기 디종에서 멈춘 적이 있었다. 클로드 기요 신부는 그녀의 일에 상당히 호감어린 인상을 받았었다. 아마도 그녀의 작품이 이 지역에서 널리 읽히게 된 것은 그의 배려 때문이었던 것 같다. 지역 거주자들에게 개인적인 영적 체험을 조사하면서 당국자들은 어떤 사람들의 견해가 로마 카톨릭의 전통과 너무나 동떨어져 있다는 것을 발견했다. 그래서 귀용 부인의 책 『짧고 쉽게 기도하는 법』이 이 신앙적 부흥을 일으켰고, 그곳에서 이교도적 특성이 발생한 것에 대해 책임이 있음에 틀림없다고 판단되자 이 사제와 신학교수 그룹들은 가능한 한 빨리 이교도적 요소를 없애려고 애썼다. 그들은 그 책을 300권쯤 수집하여 대중 앞에서 불살랐다.

그러한 조처도 영혼들이 예수 그리스도를 찾을 수 있도록 돕고 싶은 귀용 부인의 마음을 돌리지는 못했다. 그녀가 어디를 가든지 사람들은 그녀를 만나러 모여들었다. 여기저기서 영적 부흥의 역사가 일어났다. 말린 수녀와 같은 진지한 사람들이 하나님 말씀의 진리를 발견하려고 함으로부터 왔다. 피터 니콜과 같은 사람들은 부인의 사역으로부터 축복을 받기 위해서 온 것이 아니라 오히려 승인된 로마 카톨릭 교리와 관례에로 부인을 되돌이켜서 교회와 좋은 관계를 맺게 하기 위해 그녀

## 13. 보쉬에 주교의 반대

를 설득시키려고 왔다. 하지만 귀용 부인은 살아계신 구세주에 대한 믿음을 포기할 수가 없었는데 그것은 자기의 삶에 현존하시는 그분의 실재성이 고백성사나 촛불기도, 즉시 수행되는 고행에 의존하는 것이 아님을 분명히 알고 있었기 때문이다.

라 모트 신부와 다랑톤 주교가 꾸미는 전쟁에 휴전을 원했던 귀용 부인은 앙트완느의 팡브르 가에 있는 작은 집에 여러 달 피신해 있었다. 사위의 아저씨뻘 되는 푸케 씨만 그녀의 거처를 알 뿐 그곳을 아무도 몰랐다. 어쩌면 또 투옥될지도 모르기에 그녀는 피신하고 싶었던 것이 틀림없다. 귀용 부인이 파리에서 사라지고 동쪽 지방으로 가서 그 변칙적인 교리를 가르치고 있다는 소문이 곧 돌기 시작했다. 이 소문은 당국자들로 하여금 그 지역을 의심하게 만들어 종교적인 변화의 조짐이 진전이 보일 것 같은 지방의 거주자들에게 박해를 가하게 했다. 이러한 박해의 분위기 때문에 귀용 부인은 더 이상 숨어있지 않기로 결정했다. 그런 일이 일어나는 동안 양심이 편하지 않았던 것이다. 하지만 불행하게도 때는 너무 늦었다! 이제 어느 것으로도 그녀의 의붓오빠와 제네바의 다랑톤 주교, 이노센티우스 신부, 드 아르래이 씨, 피터 니콜 씨, 브와로 씨가 그녀에 대해 계략을 꾸미면서 강하게 타협된 반대를 막을 수가 없었다. 이 사람들과 예수회 신부들은 그녀의 일기일동을 당국에 보고하면서 그녀의 이교도적인 행위와 영향을 조사할 것을 계속 주장했다.

고소를 당한 귀용 부인은 이제 모의 주교인 자크 베니뉴 보쉬에의 책상 앞에 서 있게 되었다. 그 주교는 로마 카톨릭 믿음의 가장 열성적인 수호자였다. 보쉬에 주교의 논문 "개혁교회 교리의 변이의 역사" (*A History of the Variation of the Doctrines of the Reformed*

Churches)는 마르틴 루터와 다른 개혁자들의 가르침을 엄격히 조사한 것이고, 로마 카톨릭인들 사이에서 자크 베니뉴 보쉬에 주교는 이교도적인 경향을 분별하는 전문가로 정평이 나있었다. 보쉬에 주교는 이교도적인 불씨가 조금이라도 보인다고 판단되면 불을 끄는 데 혈안했다. 그는 원리상 예수회에 동의했다. 하지만 보쉬에 주교의 방법은 그들과 달랐는데, 그는 심문과 논쟁, 설득력있는 설교, 어떤 사람의 잘못된 견해를 널리 선전하는 방법을 받아들이지 않았다. 예수회는 고소당한 사람을 어디든 따라다니면서 그의 잘못된 믿음을 집요한 방법으로 설교했고, 그의 집에 돌을 던졌으며 그에게 썩은 야채를 던지기까지 했던 것이다.

보쉬에 주교는 자기 눈에 띄는 모든 이교도적인 이탈을 소멸하려고 애를 썼지만 막상 어떤 여인이 공공연하게 언급되었을 때 주춤거리며 후퇴하지 않을 수 없었다. 그로서는 귀용 부인이나 다른 부인들이 파리나 베르사이유, 그르노블에서 그런 급진적인 소동을 일으켜 교회에 해를 끼치리라고는 전혀 생각지 못했기 때문이다. 그럼에도 불구하고 이 여인은 이교도적인 성격의 책이나 팜플렛을 썼을 뿐만 아니라 이교도적이고 마법적인, 사탄적 마술을 부렸다고 고소당했던 것이다. 더구나 보빌리에 공작이나 슈브뢰즈 공작, 프랑스와 페늘롱 신부같이 안정된 사람들이 이 여인의 영향을 받고 그녀의 가르침에 상당히 교화되어 동화되었다는 사실에 놀람을 금할 수가 없었다. 하지만 제네바의 다랑톤 주교로부터 받은 이런 보고서와 사목적 회신을 제외하고는 실제 보쉬에 주교가 귀용 부인에 대해서 아는 것은 전혀 없었다.

충분한 증거가 제시된 공공연한 고발이 보쉬에 주교나 귀용 부인 모두에게 부적당한 명예훼손일지도 모른다고 생각했기에 보쉬에 주교는 귀용 부인에 대해서 직접 더 자세히 알 때까지는 기다려 아무것도 하지 않기로 결정했다. 무엇인가 확실한 것을 잡아 자기 때가 올 때까지… 그리고나서 그는 공격을 가할 참이었다!

이제 귀용 부인은 대부분의 시간을 글을 쓰면서 보냈다. 글을 쓰지 않을 때는 친구들이나 친분이 있는 사람들에게 긴 편지를 썼다.

어떤 신부에게 그녀는 이렇게 썼다;

"현재 종교적 임무로서 가장 중요하게 지켜져야할 점은 외적인 종교적 의식을 내적인 신앙, 즉 마음의 믿음과 완전히 구별해야 한다는 것입니다. 신앙이 충만하게 진전되면 그것이 바로 내적인 천국이고 영혼 안에 계신 하나님의 통치이기 때문입니다. 그리고 이 내적인 영적 통치는 하나님의 거룩함에 대한 내부의 영적 근원과 분리된다면 어떤 외부적인 의식이나 율법의 준수에 의해서도 결코 세워질 수 없습니다.

그리스도의 본래적인 가르침에 대한 신앙은 속사람에 의해서 특징지어집니다. 이것이 영혼의 신앙입니다. 구세주께서 '내가 지금 떠나는 것이 너희들에게 유익하다. 내가 가지 않으면 보혜사가 너희들에게 오지 않을 것이다' 라고 말씀하셨을 때 그분은 말할 수 없는 중요함을 선포하신 것입니다. 이 선포를 통해서 그분은 사람들의 관심을 외적인 것으로부터 돌려 그들에게 필요하신 성령의 충만을 받게끔 준비시키셨던 것 같습니다.

형식은 오직 어떤 것의 징표일 뿐입니다. 어쩌면 제가 오해를 하고, 잘못 생각하고 있는지도 모르겠습니다. 하지만 영이 없는 형식적인 기도는 외적인 기도일 뿐이라고 생각됩니다. 구세주께서 기도의 형식을 주신 것은 사실입니다. 그리고 그것은 참으로 놀라운 것입니다. 그럼에도 불구하고 그분은 길게 하는 허식적인 기도를 나무라셨고, 중언부

언하는 것을 좋아하지 않으셨습니다. 그분은 많이 말해야 들으시는 것이 아니라고 제자들에게 말씀하셨고, 하늘의 아버지께서 그들이 말하기도 전에 그들이 무엇을 원하는지 알고 계시다고 하셨습니다. 그분은 '너는 기도할 때에 네 골방에 들어가 문을 닫고 은밀한 중에 계신 네 아버지께 기도하라 은밀한 중에 계신 네 아버지께서 갚으시리라' 하고 말씀하셨습니다.

오, 신부님! 모든 사람들이 단순히 외적인 기도암송을 넘어서 하나님으로부터 또 하나님 안에서 풍성한 생명을 얻을 수 있다면 얼마나 좋겠습니까! 그것은 가능하고, 그러한 날이 확실히 오리라 생각합니다만 신중하게 해야겠지요. 우리는 이미 오직 그리스도의 뜻 안에서 자기의 뜻을 포기하며 믿음으로 살아가는 사람들을 분명히 보았습니다. 그들의 온전한 기쁨은 하나님으로부터 오고 또 하나님과 함께 하기에 모든 외적인 것들을 단순한 징표나 사건으로 볼 뿐 진정한 생명으로 바라보지 않는 성향을 소유하는 데 있습니다.

그러므로 제가 신부님께 영혼들의 영적 진보를 위해서 신부님의 최선을 다하시라고 말씀드린 것은 진심입니다. 그래서 그들 영혼들이 하나님의 내적 통치를 멈추게 하지 않도록 말입니다. 인간의 이기성을 거룩한 사랑으로 복종시키고, 인간의 뜻을 거룩한 뜻과의 연합으로 복종시키는 것은 그리스도를 우리 안에서 살아 약동하시게 하는 것입니다. 그리스도는 하늘의 은빛 구름 속에서 눈에 보게 오실 것입니다. 하지만 영적으로는 이미 오셨습니다. 오, 그분이 현존하시도록 우리를 써주십시오! 구름 속의 그리스도를 위해서가 아니라 사랑 안의 그리스도를 위해서 … 보이는 그리스도를 위해서가 아니라 느낄 수 있는 그리스도를 위해서 … 외적으로 표상되는 그리스도가 아니라 내적으로 깨닫는 그리스도를 위해서 …

　이 문제에 대해서 저의 감정을 정확하게 표현하는 것은 어려운 일입니다. 그것은 정확하게 설명할 수 없을 만큼 격렬하기 때문입니다. 사람들이 언제 하나님을 찾으리라고 말씀하시겠습니까? 만일 세상 사람들로 하여금 그리스도의 거룩한 모습을 찾고 또 간직하게 하기 위해서라면 저는 기꺼이 진심으로 저의 피를 흘리고 저의 생명을 내놓겠습니다.
　주님 안에서 신부님께 충실하겠습니다."

# 14

# 이교도라는 혐의를 받고

 1693년 9월, 보쉬에 주교는 귀용 부인과 오랫동안 사귀어 온 슈브뢰즈 공작과 페늘롱 신부 문제를 정리하기 위해서 파리의 귀용 부인을 방문했다. 보쉬에 주교는 이 여인의 신앙적 견해에 대해서 개인적으로 알아보고 싶었기 때문에 일대일 면담이 필요하다고 결정했다. 그들의 첫번째 만남은 귀용 부인의 제안대로 보쉬에 주교가 휴가 동안 귀용 부인의 작품을 살펴보고 진단한다는 결정으로 끝났다.
 그들의 두 번째 만남은 1694년 1월 30일에 있었다. 본래 정직한 면이 있던 보쉬에 수교는 귀용 부인의 책 『짧고 쉽게 기도하는 법』에서 아무런 오류를 발견하지 못했다고 인정했다. 그는 귀용 부인에게 직접 좀더 자세히 설명을 들어야 할 부분을 체크하면서 3일 동안 꼬박 그녀의 인상적인 전기를 읽었다. 다른 작품들은 좀더 철저한 검토가 필요하다고 생각되었다. 그는 보다 면밀한 연구가 필요하다고 느꼈던 것이다. 그는 '폭포수'의 의미가 좀 모호하다고 느껴 설명서를 보충하라고 요구했고, 귀용 부인은 즉시 제출했다. 신학적인 문제가 대두되자 귀용 부인은 상당히 분명하게 밝혔다. 그녀는 그를 위해서 "짧고 쉽게 기도하는 법에 대한 간결한 변론」이란 제목의 보고서를 작성했는데, 그것은 이미 기록된 것을 철회하는 것이 아니라 그것에 대한 상세한 설명이었다.

몇 주 후에 성체 수녀회 근처인 카셋트 가에 있는 잔농 원장의 집에서 또 다시 긴 면담이 시작되었다. 보쉬에 주교는 이 만남을 완전히 비밀리에 갖고 싶어했다. 예수회가 귀용 부인에 대해 문제를 더 크게 삼을 때 책임을 지고 싶지 않았기 때문이다. 게다가 고소를 당한 이 여인이 어쩌면 무죄일 가능성도 있다고 보았기 때문이다. 그래서 그는 귀용 부인의 작품을 검토하는 동안 그녀를 보호하기 위해서 최선을 다했다. 보쉬에 주교는 책이나 설교, 토론, 논쟁 등을 검토하는 데 워낙 익숙했기 때문에 다른 사람들의 견해를 이해하려고 할 때 상당히 오만하고 성급한 경향이 짙었다. 그는 추론하는 검사처럼 재빠르게 요약해서 말했다. "부인, 당신이 주장한 교리는 그리스도인들의 공통적인 경험, 심지어 성인이라고 불리는 사람들의 경험보다도 내적인 경험을 더 우선시하고 있더군요. 개인적인 자아와 상관없이 하나님의 사랑과 마음의 완전한 성화, 신성성의 전달을 이야기하다 보면 무엇인가 오류를 범할지도 모른다는 두려움이 없으십니까? 선을 행하고 죄를 짓지 않는 사람은 하나도 없는 것으로 알고 있는데요."

"죄를 짓지 않은 분은 구세주 한 분밖에 없습니다." 귀용 부인은 동의했고, 마음의 성화와 자아의 죽음에 대해서 설명하기 시작했다. "하나님의 거룩한 은혜와 자비를 받을 가치가 있는 사람은 아무도 없습니다. 그리고 거룩한 은혜가 마음을 치유하고 전적으로 바르게 해도 여전히 인식하고 판단하는 데 있어 오류가 있을 수 있습니다. 그렇기 때문에 속죄하는 그리스도의 피에 끊임없이 의지해야 합니다. 우리가 그리스도처럼 되어야 한다는 사실을 저는 잊을 수 없습니다. 그리고 구세주 자신이 하늘의 아버지께서 완전하신 것처럼 우리도 완전하고 우리의 마음을 다해 하나님을 사랑하도록 우리를 지시하신다는 사실도 잊을 수가 없습니다. 제 체험이 이 사실에 대한 저의 신념을 굳게 합니다. 하나님의 은혜를 거부할 이유가 없고, 그 은혜는 제 안에서 위대한 구원을 이룩하셨습니다."

귀용 부인은 마치 병사처럼 대답했다. 그때까지 그녀는 수없이 여러 번 경멸적인 질문을 받으며 수난을 겪었다. 그때 보쉬에 주교는 서로 다른 질문을 하면서 지적했다; "구세주는 자신을 질타하고 성전으로 들어가면서 '오, 하나님 천하고 악한 이 죄인에게 자비를 베푸십시오' 하는 사람에게 말씀하십니다!"

"예, 바로 그렇습니다. 주교님! 그 사람은 죄인입니다." 귀용 부인은 동의했다. "하지만 그가 하나님께 자비를 베풀어 달라고 기도한 것도 사실입니다. 그리고 참을성있게 기도를 들으시는 하나님께서 즉시 자비로우시게 그의 요구를 보장해 주셨습니다. 제가 체험한 그리스도의 경험을 이야기할 수 있도록 허락해 주십시오. 제게 깊은 고뇌가 엄습해 왔었습니다. 그런데 거기서 해방되었고, 이제 제 영혼에는 징결함과 내적인 평강의 관이 씌워졌기에 지극히 감사하다고 말씀드릴 수 있습니다."

여기서 보쉬에 주교는 귀용 부인이 자기의 느낌과 자기 자신에 대해서 어떻게 그렇게 말할 수 있는지 놀라움을 감추지 못했다. 그리고는 그런 신학적인 문제에 대해서 그녀처럼 그렇게 유창하게 말할 수 있는 사람은, 더구나 여자로서는 거의 없다고 천천히 말을 이으며 찬사를 했다.

여러 가지 면에서 이 두 사람은 토론을 벌이기에 적합했다. 보쉬에 주교는 로마 카톨릭 믿음의 능란한 변호자로서 교육을 받았고, 귀용 부인은 십자가에서 죽었다가 다시 살아난 구세주, 그녀가 믿고 그토록 뜨겁게 사랑하는 예수 그리스도 안에서 발견한 믿음의 살아있는 증인이 되도록 성령에 의해서 교육을 받았다.

보쉬에 주교가 더 면밀하게 조사하려고 할 때 귀용 부인은 그의 말에 즉각 대답했다. "믿음이 얼마나 부족합니까! 인간은 하나님께 자비를 베풀어 달라고 기도하면서도 그분이 기꺼이 자비를 베풀어 주시려고 하시는 것을 믿지 않습니다. 인간은 죄로부터 해방되고 성화를 위해서 기도하면서 이미 그렇게 되도록 준비된 것을 믿으려 하지 않습니다. 그러므로 그들은 하나님을 모독하는 것입니다. 하지만 주교님, 말씀해 보십시오: 주교님처럼 그렇게 오랫동안 또 그토록 유익하게 성경을 공부한 사람들이 어떻게 이미 예비된 복음의 풍부한 메시지를 의심하고 교회의 많은 성인들이 성화되었다는 것을 부인할 수 있습니까? 저는 정말 주교님의 입장을 이해할 수 없습니다."

"나는 올바로 가르쳐지기만 한다면, 성화의 교리가 교회의 받아들일 만한 교리라는 사실을 부인하지 않습니다." 주교가 대답했다. "그런 예가 많이 있다는 것을 잊지 않고 있지요 … 살르의 성 프란치스코와 성녀 테레사, 제노아의 카트린느, 하지만 개인에게 어떻게 이 영적인 축복이 있겠습니까? 성화의 증거가 즉시 나타나야 합니다. 부인도 인정하시겠지만 이것은 신중한 문제입니다. 성화의 교리를 일반적인 진리로 인정하고 하나님의 약속이 이러한 진리에 합당하다고 인정하려면,

부인이 개인적으로 쓰신 책 중 제시된 몇몇 측면들은 아직도 의심스러우므로 좀더 조사를 해야만 합니다." 기관총에서 빗발치듯 쏟아지는 총알처럼 보쉬에 주교의 질문은 계속되었다. 면담은 오후까지 계속되었고, 귀용 부인에게 쉴 틈도 주지 않은 채 어느덧 저녁이 되었다. 귀용 부인의 추론과 믿음을 더욱 진단하려다보니 더욱 깊은 신앙적인 주제들이 대두되어 토론이 지연되었다.

"여러 세대에 의해서 증거된 지혜와 경건으로 인해 성화된다는 교회의 신앙적 실천의 원리를 무시하는 것은 그리스도인의 저속함의 표시가 아닐까요?" 자기 고행의 벌칙에 관한 실천을 언급하면서 주교가 물었다. "당신의 책,『짧고 쉽게 기도하는 법』안에는 교회에서 시행되는 금욕과 육체의 고행이 필요 없다고 시사하는 것 같던데요?"

그렇게 물으면서 그는 6피트나 되는 장구의 몸을 극적으로 일으키며 우뚝 서서 대답을 기다렸다. "자기의 욕구를 복종시키기 위한 육체적인 고통과 고행은 매우 가치가 있습니다. 그것들은 하나님이 주신 시련의 일부분입니다. 저는 진심으로 그렇게 믿습니다. 하지만 그것이 자아-추구나 자기-가해가 되어서는 안됩니다. 그것은 하나님의 섭리로부터 오는 것처럼 받아들여져야 하고 감수되어야 합니다."

"다른 것을 물어보겠습니다, 귀용 부인. 당신이『영혼의 폭포수』안에서처럼 높은 신앙의 경지에 있는 영혼들은 교회가 규정한 어떤 특별한 준비과정을 거치지 않고도 성제에 접근할 수 있고, 성찬식에 참여할 수 있다고 주장하는 것은 사실 영의 저속함을 드러내는 것이 아닐까요?"

대답할 기회도 주지 않은 채 보쉬에 주교는 계속 말을 이으며 눈썹위의 땀을 닦았다. 그 역시 오랜 면담으로 피곤했던 것이다. 그는 로마 카톨릭 교회의 전통적인 가르침과 매 표현을 비교하면서 귀용 부인의 책을 철저히 검토했고, 조금이라도 이교도적인 요소처럼 보이는 것이 있으면 끄집어 내었다. 이것이 자기 스스로 헌신한 그의 직업이었고 또 실제 그런 일을 성취하였다!

"이해하십시오." 그는 계속 선언했다. "나는 사실적인 것을 확인하고 싶을 뿐 다른 뜻은 없습니다. 나의 임무는 당신의 관점에 이교도적인 요소가 있는지 없는지 판별하는 것입니다. 나는 그리스도적인 완전함과 정결한 사랑, 아니면 어떠한 형태로 어떠한 이름으로 불리든 그런 교리를 반박하는 것이 아닙니다. 다만 그런 것과 연관된 어떤 표현형식과 부인의 개인적인 견해에 대해서 진지하게 반대하는 것입니다. 나는 당신의 글에서 말하자면 이상하게 충격을 주는 오만한 표현형식을 발견했습니다. 당신은 성화된 영혼에게 죄를 제외한 모든 것이 바로 하나님이라고 말씀하셨는데 어떻게 그런 오류를 범하실 수가 있습니까?"

자기의 설명이 끝내 보쉬에 주교를 흡족하게 해주지 못하리라는 사실을 알았던 귀용 부인은 성화의 교리가 이따금 언어 자체의 불완전함 때문에 잘못된 것으로 보일 수도 있다며 너그럽고 솔직한 해석을 바란다고 요청했다. 귀용 부인은 자기가 옳다고 느끼고 어디가 잘못되었는지 알아차렸을 때 자기 변호를 제시하는 데 능숙했고, 잘 처리했다.

그러나 보쉬에 주교는 다른 질문을 제기했다. "부인은 이따금 외적인 사건 뿐만 아니라 하나님의 뜻을 마치 하나님 자신과 동일시하는 것처럼 말하던데요. 이것은 잘못 이해하신 것이고, 그러한 진술은 사실이 아닙니다. 우리는 '하나님'이라는 말을 하나님 전체, 그분의 지성, 감성, 그분의 표현된 뜻의 의미로 사용합니다. 그래서 오직 한 부분일 뿐인 하나님의 뜻을 말할 때 전체인 하나님과 동일시한다면 그것은 전적으로 오류이고 참으로 잘못된 것이기에 나는 지금 당신의 글을 내가 오해했다고 생각지 않습니다."

자기의 글을 변호하기 위해서 귀용 부인은 주교의 말의 정확성을 인정했다. "하지만 그 사실을 인정하면서도 저는 실제 신앙적으로 우리가 하나님의 뜻을 하나님 그분으로서 받아들이게 된다고 말씀드리고 싶습니다. 그것은 오류가 아닐 뿐만 아니라 축복이라고 봅니다. 제 논리대로라면 우리는 하나님과 그분의 능력 또 하나님과 그분의 지혜를 하나님과 그분의 뜻을 구분하는 것보다 오히려 더 쉽게 구분할 수 있을 것입니다. 주어진 경우에서 하나님의 뜻이나 목적은 필연적으로 의지의 단순한 행위 이상의 것을 내포합니다. 그런 경우에 그것은 하나님이 생각하시는 모든 것, 하나님이 느끼시는 모든 것을 포함하기 때문입니다. 그 둘을 어떻게 구분하실 수 있겠습니까?"

"또 제가 고백을 해야만 될 것 같습니다만." 귀용 부인은 말을 이었다. "하나님의 뜻이 제 마음 속에서 다른 어떤 것보다도 하나님의 생각과 현존, 충만함을 더욱 분명히 보여주셨습니다. 제가 하나님의 뜻을 발견할 때마다 저는 개인적으로 하나님을 만났다고 느낍니다. 또 하나님의 뜻과 일치될 때마다 저는 제가 하나님과 연합했다는 것을 느낍니다. 그래서 하나님과 하나님의 뜻 사이에는 어떤 철학적인 차이점이 있다는 것을 알기는 하지만 제게는 하나이고 동일한 것입니다. 하나님의 뜻과 완전한 조화 속에 있는 사람은 하나님 자신과 조화를 이루는 것입니다. 이것은 누구에게나 가능합니다."

귀용 부인을 단념하게 만들려는 또 다른 시도로서 보쉬에 주교는 다른 계략적인 올무를 던졌다. "당신 같이 신학적인 교육코스도 밟지 않은 여자의 입장에서는 공적인 사역이나 전적인 전도를 하지 않는 것이 사람들에게 좋을 듯 합니다. 소경이 어떻게 소경을 인도할 수 있겠습니까?"

그녀의 복잡한 상황 때문에 이미 문제가 되었던 그런 자격의 결핍을 인정하면서 귀용 부인은 하나님께서 자기를 따르는 사람들에게 메시지를 전하라고 자신을 부르셨다는 믿음을 그 변호로서 제시했다. "하나님의 위대한 지혜 안에서 그분은 이따금 약한 도구를 사용하시기도 합니다. 저는 적어도 한 번은 그분이 당신의 진리를 말씀하시기 위해서 나귀도 사용하셨던 것처럼 그분은 이따금 같은 목적을 위해서 여자를 사용하실 수도 있다고 생각합니다."

부인은 실제 이 대답을 하면서 얼굴을 붉혔다. 여자라는 사실 때문에 그녀가 자기의 부르심과 사역에 대해 의심을 산 것이 이번이 처음이 아니었다. 여자의 사역에 대한 자기의 말을 급히 변명하면서—그렇다고 그 말한 것을 후회하는 것이 아니라—보쉬에 주교는 자기가 어떤 점에 대해서 반대하는지 열거하고 특히 그녀가 글 속에서 강조한 영혼과 하나님의 그토록 완전한 결합에 관한 영적인 체험에 대해서 강하게 반대한다고 말을 이었다. 그는 그녀가 구분한 것과 설명한 것이 자기에게 합당하고 만족스럽게 보인다고 고백하면서도 어떤 것은 자기의 신학적 연구물이나 이룩한 성과, 개인적인 경험에 완전히 낯설다고 말했다.

"주교님, 유감스럽지만 주교님의 개인적인 경험이 부족하다고 말씀드릴 필요가 있는 것 같은데 오해하시지 말기 바랍니다." 귀용 부인이 답변했다. "머리로 하는 신학은 지적 능력을 뛰어넘는 가슴의 보다 차원높은 신학의 해석없이는 종종 모호하고 불확실할 때가 있습니다. 머리는 종종 오류를 범할 수 있지만 정직한 가슴은 결코 그렇지 않습니다!"

이 여인의 말에 모욕을 느낀 주교는 자기의 그리스도인적 경험을 열렬히 정당화시키면서 언성을 높였다. 결국 자기가 신부에서 주교까지 된 것은 무신앙으로 된 것이 아니라는 주장이다!

"귀용 부인!" 그가 말했다. "나도 무엇인가 하나님의 은혜를 경험하고 싶습니다. 하지만 당신이나 당신과 비슷한 견해를 가진 사람들이 '불변의 상태'라고 부르는 그런 상태에 이르지 않았어도 저는 전혀 상관이 없습니다. 그리스도인들 물론 경건한 사람들이어야겠지만 그들이 이 세상에서 그런 불변의 상태에—변화가 없고 영원히 태양이 비추는 상태—이를 것이라고 믿을 수 있다는 말입니까?"

"아니요, 그게 아닙니다." 귀용 부인이 다른 때와 달리 강하게 대답했다. "'이 불변의 상태'라는 말은 느낌보다는 말씀의 원리에 기초하고, 감정보다는 믿음으로 사는 사람들, 그들은 하나님을 폭풍우 속에서나 태양빛 속에서 똑같이 바라보고, 그 어느 때이긴 똑같이 기뻐합니다. 그들은 제가 무슨 말을 하는지 그 의미를 정확히 압니다. 그리고 잘 넘어지지 않는 사람들은 거의 당황하지 않습니다."

그러자 보쉬에 주교는 또 다른 주제인 기도에 대해서 말을 꺼냈다. "성경은 우리에게 쉬지말고 기도하라고 명령합니다. 구세주는 '구하라 그러면 받으리라, 찾으라 발견하리라, 두드리라 그러면 열리리라' 말씀하셨습니다. 이 기도는 영원한 명령일 뿐만 아니라 영원한 의무라고 생각됩니다. 기도가 특정의 것을 구하는 것이 아니라면 도대체 기도가 무엇인지 나로서는 이해하기가 어렵군요. 당신이 말하는 현재 거룩함을 입는 것과 '정결한 사랑'은 특정한 기도가 요구하는 것을 배제하는 것처럼 보입니다."

"그렇게 추측될 수도 있겠지만 명확하게 그런 경우는 아니라고 덧붙여 말씀드리고 싶군요." 귀용 부인이 날카롭게 정정하듯이 대답했다. "어떤 특정한 것을 구하지 않고 단순히 머무는 마음의 상태는 기도가 아닙니까? 이런 방식으로 주님께 기도하는 것이 무엇이 잘못되었을까요? 저는 이러저러한 것을 달라고 구하지 않습니다. 저는 단지 하나님께서 제게 무엇을 원하시고 무엇을 선택하셨는지 알고 싶고 스스로 선택하고 싶을 뿐 다른 특별한 욕망이나 바람도 없습니다. 그런 것같지 않습니까? 이것은 바람이기보다는 오히려 찬양의 표현입니다. 그러므로 우리는 자신 안에서 구세주가 원하시는 것의 완전한 실행을 경험할 수 있습니다; 그분은 우리에게 '무엇을 먹을까? 무엇을 마실까? 무엇을 입을까? 하지 말라. 너희 하늘의 아버지께서 너희에게 필요한 모든 것을 다 아신다. 먼저 하나님의 왕국과 그 의를 구하라, 그리하면 이 모든 것을 더하시리라. 그러므로 내일 일을 염려하지 말라, 내일 일은 내일로 족하다' 라고 말씀하셨습니다."

"만일 부인의 말을 정확히 이해했다면" 보쉬에 주교가 말했다. "당신의 영혼은 휴식하고 있습니다. 즉 당신의 영혼은 지금 하나님 안에 있는 것에 만족하고 더이상 아무것도 하나님께 원하는 것이 없는 것입니다."

그것은 매우 오래 계속된 면담이었다. 모든 질문을 마친 후에도 보쉬에 신부는 어떻게 마무리를 지을 것인지 결정을 하지 못했다. 그러므로 그는 책임을 회피하고 루이 14세왕에게 귀용 부인을 진단할 위원회를 결성해 달라고 요청했다.

이 위원회에는 후에 파리의 대주교가 된 샬롱의 드 노아이유 주교와 트론슨 수도원장, 성 쉴피스 신학교 학장, 모의 자크 보쉬에 주교가 임명되었는데 이들은 모두 교회와 왕정 양쪽에서 영향력을 발휘한 상당히 경력있는 성직자들이었다. 이들의 국가에 대한 충성은 확고한 사실이었다. 동시에 그들은 성직자로서 하나님이 스스로 당신을 계시하시고 당신의 뜻을 개인적으로 사람들에게 보이신다는 것을 알고 있었다. 신앙적인 문제에 있어서 무엇이 이교도적인 것인지 판단하는 것이 그들에게 쉬운 임무는 아니었다. 이렇게 하여 이 위원회가 조사를 시작한 것이 1694년 8월이었다.

귀용 부인과 여러 번 면담을 한 그들은 그녀의 두 가지 인쇄물과 편지, 노트, 성경주석 수사본을 재검토했다. 그녀가 자신을 "다른 세계의 자손"이라 부른 것처럼 그녀는 자기에게 제기된 질문들에 용기있게 부드러운 말로 미소를 띠고 끈기있는 기도로 대답했다. 보쉬에 주교는 귀용 부인이 그를 위해서 준비했던 설명보충서를 이교도적인 요소를 증거하는 보충자료로 소개하였다. 귀용 부인은 자기의 말이 결국 자기를 불리하게 하리라는 사실을 알고 있었기에 별로 말을 하지 않았다.

이 여인이 혐의를 받고 있는 사실을 알았던 맹트농 부인과 다른 영향력있는 친구들은 루이 14세왕에게 그녀를 위한 탄원서를 제출하기로 결정했다. 그들은 귀용 부인의 선한 의도와 애덕의 사업을 감안해서 심한 고소로부터 그녀를 보호하기 위해 즉시 조치를 해달라고 전능한 통치자에게 보낼 서류를 작성했다. 귀용 부인이 이 탄원서를 읽고 말했다; "이 서류를 쓴 여러분들의 친절함 앞에 감사하지만 저는 약간 불편합니다. 이것이 하나님의 뜻인지 아닌지 의심스럽습니다. 저는 이 문제에 있어서 하나님의 뜻을 수호하고 변호해야만 하기 때문입니다. 저는 인간의 무기에 의지하는 것이 아닌가 두렵고, 하나님께서 그분의 지혜로 제게 적합해서 부과하신 저의 멍에를 너무 쉽게 벗어버리는 것이 아닌지 두렵습니다."

하나님의 뜻이라면 무엇이든지 감수하겠다고 결심한 그녀는 그들에게 이 문제에 있어 자기를 위해서 간섭하지 말고 온전히 하나님의 손 안에 자기의 운명을 맡기게 해달라고 부탁했다. 자기의 견해와 의견이 교회가 승인한 작가들의 의견과 일치된다는 것을 보이기 위해서 그녀는 자기의 견해와 비슷한 사람들의 인용문을 열심히 수집하면서 50일을 보낸다. 이 긴 제목의 논문 "귀용 부인의 교리의 정당성"(Justifications of the Doctrine of Madame Guyon)은 그리스와 라틴의 교부들, 성 디오니시우스, 성 베르나르, 요한 클리마쿠스, 제노아의 카트린느, 십자가의 요한, 성녀 테레사, 앙리 수소, 토마스 아 켐피스, 제르슨, 뤼스브로크, 타울레, S. 삼슨의 요한, 아르피우스, 블로시움, 뤼 드 몽토야로부터 인용한 것이었다. 만일 보쉬에 주교가 다른 위원들이 이 논문을 읽도록 허락했다면 틀림없이 저울은 그녀쪽으로 기울어졌을 것이다. 그러나 보쉬에 주교는 그렇게 하지 않았다.

자기의 증언 속에서 귀용 부인은 자기의 많은 작품은 스페인의 미카엘 드 몰리노스가 교황령에 의해 이교도로 판결되기 전에 이미 쓰여졌고, 당시에 자기의 내적인 신앙적 사상과 감정을 표현하는 데 있어 조심해야 할 아무런 이유를 느끼지 못했다고 진술했다. 자기의 작품이 그러한 격동을 일으키리라고 어떻게 예상할 수 있었겠는가! 사실, 그녀는 수사본을 쓰면서도 그것을 출판하겠다는 생각조차 없었다. 몰리노스가 교회 당국에 의해 유죄선고를 받은 당시 이제는 종교작가가 쓴 아주 평범한 문장조차도 불신받고 혐의있는 것으로 간주되었다.

위원회의 조사는 아무런 결정적인 것을 증명하지 못했다. 단 한 사람만 유죄판결을 주장한 것을 제외하고는 이 사건이 종결되지 않아야 할 이유가 없는 것처럼 보였다. 무죄선고든 사건포기든 그 어느 것에도 만족할 수 없었던 단 한 사람의 반대자, 보쉬에 주교는 위원회가 자기가 원하는 대로 사건이 종결될 때까지 계속 개최되어야 한다고 주장했다. 이때 그는 귀용 부인이 자기 교구에 있는 수녀원에 자발적으로 들어간다면 그녀를 더 잘 알수 있는 기회가 생기고 그녀의 견해를 더 깊이있게 연구할 수 있다고 제안했다.

귀용 부인은 아무 주저없이 이 위원회가 대표로 결정한 교회의 권위에 순종했다. 그곳이 일하기에 좋은 환경이 아니라는 사실도 알았지만 자기가 원할 때 자유롭게 떠나리라 생각하며 귀용 부인은 모에 있는 성 마리아의 수녀원에 머물겠다고 즉시 동의했다. 그녀와 하녀 라 고티에르 양은 기꺼이 보쉬에 주교의 의견에 따랐고, 위원회가 일을 끝마치기까지 약 3개월만 머물 생각을 했다.

1695년 1월, 대략 파리의 북동쪽 25마일 떨어진 모로 떠나는 동안, 마차가 눈에 깊이 빠져 박혔다. 이 두 여인은 운전자와 힘께 서서 눈속에서 얼어죽는 것이 하나님의 뜻일지라도 그 뜻에 따르면서 참을성 있게 기다렸다. 두 여인은 이 호된 고생 끝에 추위와 감기를 얻은 채 수녀원에 다달았다. 몸이 편찮은 상태임에도 불구하고 보쉬에 주교는 거의 매일 귀용 부인을 신문하기를 고집했다. 귀용 부인은 자기의 적이 단 한 번에 모든 것에 대해 만족하게 되기를 바랐다. 하지만 불행하게도 박해와 시달림은 수녀원 담 안에서 조차도 계속되었다.

어느 날 귀용 부인의 건강이 회복되었을 때 보쉬에 주교가 자기가 여러 일반화된 종교적 오류라고 규정한 사례집, 『사목적 방침과 보고』 (Pastoral Ordinance and Letter)를 가지고 왔다. 그리고 거기에 사

사인을 하라고 부인에게 요구했다. 그 사인이 무엇을 의미하는지 충분히 알았던 그녀는 완강하게 거부했다. 그러나 추신으로 몇 마디를 썼다. 그녀는 진리를 알고 싶고 진리를 가르치고 싶다고 썼고, 어떠한 것이든 즉각 교회의 결정에 복종하겠다고 적었다. 나중의 면담에서 보쉬에 주교는 좀더 상세한 신앙고백에 사인하라고 요구했다. 귀용 부인이 거절하자 자기의 요구를 듣지 않으면 추방하거나 영원히 억류하겠다고 위협했다. 그는 자기가 유리하다는 사실을 알고부터는 언제나 귀용 부인 앞에서 빈정댔다. 그는 자기가 믿었던 대로 이 여인을 이교도라 발표하기로 결정했던 것이다.

"내가 요구하는 것에 사인하지 않으면 증인들을 부를 겁니다. 그리고 그들 앞에서 당신을 훈계한 후에 당신의 교회에게 통고를 하겠습니다. 그러면 우리가 마태복음에서 하기로 결정한 것처럼 당신을 고렵시킬 것입니다." 보쉬에 주교는 강하게 선언했다.

그의 말은 수녀원 원장과 다른 수녀들을 통해서 들려왔다. "주교님, 왜 이 여인을 그렇게 박해하시는 거지요?" 하고 그들은 물었다.

박해라는 말이 전혀 자기에게 해당되지 않는다고 보쉬에 주교가 오히려 항의를 했다. 귀용 부인의 적들에 의해 가해지는 정치적인 압력 때문에 자기는 위협할 수밖에 없고 그것은 정당한 것이라고 주장했다. 다시 말해서, 그는 자기 입장을 보호하기 위해서 그녀로부터 신앙고백서를 받아내야만 했던 것이다. 이 빈정거리는 사람은 잔인한 사제복 아래서 자기의 정치적인 충실함 때문에 자기의 신앙적인 견해를 그르치기 시작한 것이 분명하다.

1695년 3월 10일, 위원회의 임무는 완수됐다. 그녀의 축적된 작품을 비난하면서 위원회 회원들은 자기들이 발견한 대로 프로테스탄티즘의 경향을 띤 그녀의 30개의 명제를 들어 분명히 교리적으로 오류라고 정죄하였다. 그녀의 작품은 교회에 받아들여질 수 없고 바로 이교도에 가깝다고 선언되었다.

약 한 달 후에 귀용 부인은 철회할 것에 사인했다. 하지만 오류를 인정하는 사인은 거부했다. 보쉬에 주교는 교회의 입장에 다시 설 수 있도록 허락하는 정통의 증명서를 귀용 부인에게 주었다. 그러나 얼마 후에 그들 사이에 다시 논란이 벌어졌다. 보쉬에 주교가 미리 준비했던 보다 더 자세한 증명서와 바꾸기 위해서 먼저 준 증명서를 돌려달라고 요구했기 때문이다. 하지만 현명했던 귀용 부인은 자기의 무죄성을 증명한 본래의 증명서를 내놓고 싶지 않았다. 이 사건 후에 보쉬에 주교가 발끈 화가 나서 불그락 푸르락한 상태로 수녀원을 떠나갔다. 그는 귀용 부인을 "한정된 지식과 얄팍한 덕의 소유자로서 착각에 빠진 오만한 여자"라고 요약했다. 하지만 그녀를 반대했던 보쉬에 주교나 다른 성직자들은 귀용 부인과 그녀의 신앙적인 용감함에 있어서 무엇인가 불가사의한 것이 있음을 느끼지 않을 수 없다.

모에 있는 성 마리아의 수녀원에 자발적으로 6개월 간 머문 후에 귀용 부인과 그녀의 하녀는 떠나기로 결정했다. 1695년 7월 8일, 몇 명의 친구들, 모르트마르의 공작 부인과 그 딸, 드 모르스탱 부인과 그 딸이 그들을 꾸케가로 데려갔다. 그들은 귀용 부인의 딸과 보의 백작 부인과 함께 그곳에 머물렀다. 몇 주 후에 그들은 외부 세계와의 모든 불필요한 관계를 끊고자 개인집으로 옮겼다. 하지만 그녀의 소재가 알려지자 점점 더 그녀에 대한 반대가 지역적으로 고조되어 갔다. 마침내 파리 경찰국은 귀용 부인과 그녀와 신앙적인 입장이 같다고 보여지는 하녀의 소재를 파악하여 체포하라고 명령을 내렸다.

또 다시 위기가 눈앞에 닥쳐왔다.
여기 이곳은 거친 군중과 세계로부터
달콤하게 잊혀진 곳, 완전히 별개의 곳,
새들과 시냇물이 내게 많은 사색을 전해주고
묵상과 노래를 하게 하는 곳.
그대들, 비탄의 광경들, 그대들의 고독한 길에
나는 찬미하며 내 생명을 쏟네,
슬픔의 샘인지 기쁨의 샘인지
흐르는 내 눈물의 근원도 알지 못한 채 …
무서운 침묵과 가시덤불, 거칠음 …
그러나 나는 그대들이 주는 평화에 매혹되었네.
그대들의 어두운 그림자는 성전,
아무도 침범할 수 없는 …
오직 나의 사랑하는 연인, 내 주만이 머무는 곳.
아! 다시 되돌려 보내지 말아주오,
완악하게 광란으로 기만당한 인간종족에게로.
내가 막 떠나온 군중 속에서
어린이의 영과 가슴을 발견할 수 있으려나?
여기, 광막한 곳에 자유롭게 버려두오.
그들이 경멸하는 이 비천한 자를,
세상이 버린다 해도, 오 그분과 연합한다면
나는 거룩한 자, 행운아, 지혜자 …

# 15

## 또다시 투옥되다

눈이 끊일 것 같지 않았고 추위도 잔혹했다. 왕정의 공무원이었던 드 그라즈 씨가 체포령을 받고 귀용 부인이 있는 곳에 도착하기 몇 시간 전부터 눈은 계속 내리고 있었다. 오, 비참한 날, 이 비참한 임무를 띠고 드 그라즈 씨는 자기의 긴 장화 구두로 눈을 헤치며 다가왔다.

안에서는 귀용 부인이 피로와 높은 열로 병석에 누워 있었다. 드 그라즈 씨는 이 병든 여인을 그토록 무섭도록 추운 날씨에 밖으로 데리고 나가야 할지 망설이다가 그들, 귀용 부인과 하녀 라 고티에르 양을 집에서 체포하고 왕명으로 빈센느성까지 그들을 보다 편리하게 데려갈 수 있을 때까지 기다리기로 결정했다.

귀용 부인과 맺었던 맹트농 부인의 우정 때문에 루이 14세왕은 귀용 부인을 감옥으로 보내는 것이 내키지 않았다. 왕은 이 여인을 감금하는 장소로서 부유한 수녀원을 고려했지만 그녀의 원수들이 조르는 정치적인 압력에 못이겨 어쩔 수 없이 국립감옥으로 이 두 여인을 보내기로 결정했다. 그들의 체포가 중대했기 때문에 1684년부터 1720년까지 왕정의 연대기편자였던 드 당조 남작이 마침내 그 사건을 이렇게 적고 있다; "1696년 1월 20일—왕은 며칠 전 귀용 부인을 체포하여 빈센느성에 무기한 가두어 엄히 감시하라는 명령을 내렸다. 귀용 부인은 매우 위험스런(이교도적인 경향성을 띤) 교리를 말과 글로 언급했다는 죄명으로 고소당했다. 귀용 부인은 많은 덕망있는 사람들을 이용하였다. 체포하기 전에 귀용 부인에 대한 긴 조사가 진행되었다. 귀용 부인은 안전을 두려워하여 잠복해 있던 앙트완느의 팡부르 가에서 발견되었다."

귀용 부인의 자서전 속 짤막한 서두에서 비록 맹트농 부인의 모든 도움을 거절했지만 이 최근의 사건 때문에 귀용 부인이 얼마나 절망했었는지 잘 드러나고 있다; "모든 사람들이 완전히 내게 등을 돌린 듯 했다. 나는 오직 이 말밖에는 할 말이 없다: '나의 하나님, 나의 하나님, 왜 저를 미워하여 버리십니까?' 그리고 나 역시 즉각 나 자신을 버리고 하나님 편으로 향했다."

그리하여 귀용 부인과 그녀의 하녀는 1695년 12월 31일부터 정치적인 죄수로서의 인생을 공식적으로 시작하게 되었다. 그들이 갇힌 빈센느성은 파리 근처 빈센느의 밀림에 위치한 군용의 국립감옥이었다. 다른 많은 사람들 역시 왕이 로마 카톨릭 교회가 프로테스탄티즘을 선호하는 경향으로 간주한 모든 종교적인 이탈로부터 프랑스를 보호하기 위해서 선포한 명령 때문에 만연된 압박의 희생물이 되어 투옥되었다.

파리의 경찰국장인 드 라 렌느 씨가 종교적인 글이나 종교적인 문제에 대한 견해 때문에 이교도라 고소당한 그들 죄수들을 가끔 심문하였다. 하지만 감옥의 끊임없는 감시하에서도 귀용 부인과 하녀, 이 두 여인들의 생명 속에 있는 빛나는 구원의 기쁨은 줄어들지 않았다. 그들은 함께 하나님께 영광을 돌리는 노래를 부르며 시간을 보냈고, 하녀라 고티에르 양은 귀용 부인이 작곡한 노래를 아주 빠르게 암기하곤 했다. 둘 다 만일 주님의 품 안으로 돌아가기까지 남은 생을 감옥에서 보내는 것이 하나님의 뜻이라면 그대로 남은 여생을 그곳에서 보내겠다고 마음먹었다.

귀용 부인의 자서전 서두는 이 기쁨에 넘치는 순종의 태도를 반영하고 있다; "우리는 둘 다 당신의 찬미가를 부릅니다. 오, 나의 하나님! 이 감옥의 돌들이 제 눈에는 루비처럼 보입니다. 저는 이 돌들이 공허한 세상의 모든 보석보다도 가치있다고 생각합니다. 저의 가슴은 당신이 사랑하는 사람들에게 주신 가장 무거운 십자가 가운데서 또한 당신이 주신 기쁨으로 충만합니다."

지루하게 몇 달이 지나간 후, 파리의 드 노아이유 대주교의 간청으로 귀용 부인과 하녀를 보지라르 감옥으로 호송하라는 명령이 떨어졌다. 1696년 8월 28일, 그들은 어둠 속에서 비밀리에 호송되었다.

파리 근처의 작은 도시, 보지라르에 있는 그 감옥은 표면적으로는 수도원이나 수녀원과 관련이 있는 것처럼 보였다. 그곳의 수감자들은 빈센느에서보다는 좀더 자유를 가질 수 있었다. 그들은 개인적인 소지품도 지닐 수 있었고, 무엇인가 유익한 것을 하며 시간을 보내도록 권장을 받기까지 했다. 가족들이나 친구들의 방문도 기꺼이 허용되었다. 그들은 또한 다른 수감자들이나 간수들과 대화할 수도 있었다. 빈센느의 감옥보다는 훨씬 더 너그러운 조치였다. 이 두 여인은 필기할 종이와 나무펜, 매연을 물과 섞어 만든 잉크를 지닐 수 있게 해주신 하나님의 작은 호의에 감사했다. 그리하여 귀용 부인은 긴 편지도 쓰고 성경주석도 손볼 수가 있게 되었다. 심지어 귀용 부인은 왕의 영적 지도자였던 라 쉐즈 신부를 포함하여 고위층의 사람과도 서신연락을 취하였다.

그곳의 수녀들과 대화할 수 있는 자유를 이용해서 귀용 부인은 다른 영혼들이 비약하고 전진할 수 있도록 도와주고 싶었다. 그리하여 귀용 부인은 성령의 능력으로 수녀들에게 주 예수 그리스도와의 새로운 영적 교제를 통해서 보다 커다란 만족을 찾게 하는 영감을 주기 위해 노력했다. 하지만 파리의 대주교가 귀용 부인이 그곳에서 얼마나 수녀들에게 영향을 끼치며 하나님께서 그들 수도원 감옥 안에서 일하고 거주하는 사람들을 얼마나 축복하셨는지 소식을 듣자마자 귀용 부인의 활동을 즉시 멈추게 하는 것이 급선무라고 조급해 했다. 왕의 주의를 끌기 전에 그가 그렇게 부른 이 종교적인 광신을 뿌리뽑기 위해서 파리의 대주교는 1696년 10월 9일 보지라르에 와서 귀용 부인에게 다시는 그녀의 잘못된 교리를 수녀들에게 가르치지 않겠다는 서명에 사인을 하라고 요구했다. 귀용 부인은 서류에 사인을 했고, 주로 한층 깊은 가르침으로부터 수녀들을 구하기 위해서 성 쉴피스의 신학교 부제인 라 슈타르디에 씨의 영적 지도를 받으라는 요구를 받아들였다. 파리 대주교의 권고에 따라 귀용 부인은 모든 활동에 제재를 받았고, 영적 지도자의 허락서를 받지 않고서는 방문도 허락되지 않았다.

1696~1697년 대부분의 시간 동안 이 연약한 여인을 대항해서 보쉬에 주교가 일으킨 너무도 잔혹한 전쟁으로 귀용 부인은 거의 쉴 틈이 없었다. 교회의 수호자였던 보쉬에 주교는 무엇이든 조금이라도 이교도적인 요소처럼 비춰지면 그것에 대항해서 싸워야 할 임무를 띤 인물이었다. 성스런 눈으로 쉽게 처리하듯 로마 카톨릭 교회와 그 교리를 변호하는 것이 그의 유일한 목적이었다. 사실 그것은 그를 사로잡았던

강박관념이었다. 자기 교구 내에서 위험스럽고 잘못되었다고 판단된 모든 것을 제거하기 위해서 무슨 돌이든 막는 데 쓰지 않은 돌이 없었고, 무슨 말이든 사용하지 않은 말이 없을 정도였다. 그는 스스로 옳다고 생각했고, 자기가 사용한 수단들이 진리로부터 이탈된 것에는 아랑곳하지 않았다. 권력층에 있는 많은 사람들이 그렇게 하는 경향이 있듯이 …

귀용 부인으로서는 보지라르 감옥에 유폐되어 있는 이상 보쉬에 주교의 잔인한 공격에 어떻게 자신을 방어할 아무런 방책이 없기에 아무것도 할 수가 없었다. 하지만 그는 귀용 부인이 그곳에 있도록 가만두지 않았다. 그는 사목 지침서를 쓰고 귀용 부인을 반대하는 설교를 했다. 그는 부인의 책을 대중적으로 불태우도록 명령했다.

이때 귀용 부인과 오랫동안 우정을 나눠오고 그녀의 가장 경건한 친구 중의 하나이며 최근 대주교로 임명된 캉브라이의 프랑스와 페늘롱 대주교가 귀용 부인같이 아무런 도움도 받을 수 없는 상처입은 사람에게 그렇게 격렬한 공격을 힐 수는 없지 않느냐며 귀용 부인을 변호하기 위해 일어섰다. 물론 보쉬에 주교와 페늘롱 대주교 두 사람은 웅변술과 강력한 연설자로 쌍벽을 이루는 설교단의 거장들이었다. 하지만 토론자로서 능란한 명성의 소유자, 보쉬에 주교는 페늘롱 대주교보다 나이에 있어서나 경험에 있어서 20년이나 앞선 유리한 입장에 있었다. 페늘롱 대주교는 마치 한 무더기의 친구들과 이야기를 나누듯이 대화방식을 사용했다. 귀용 부인의 작품이 내포한 변칙적인 교리를 공격하는 보쉬에 주교는 자기가 그렇게 함으로써 교황의 총애를 받으려고 발버둥치는 루이 14세왕의 총애를 받으리라 확신했다. 그는 또한 교회와 국가를 위한 자기의 활약이 상당히 자기의 경력에 유리할 것이라고 생각했다. 한편,

페늘롱 대주교 역시 이 논쟁에서 만일 자기의 올바른 '화해적' 입장을 논증한다면 자기의 쟁쟁한 경력자로서의 명성이 매우 위험스런 지경에 빠질지도 모른다고 생각했다. 하지만 자기가 확신하는 교리와 견해가 성경과 일치하고 교회의 여러 인정받은 작가들이 표현한 견해에 의해 승인받으리라고 생각하며 변호를 준비했다. 이렇게 하여 이 두 거장들이 맞붙어 말로 논쟁을 벌였고—마치 그 둘 사이에 총알이 튀는 것처럼— 국가가 양쪽으로 갈라져서 군중의 관심을 끌었다.

8개월 간의 연구 끝에 보쉬에 주교는 주목할 만한 연구서를 써서 "기도상태에 대한 가르침"(Instruction on the State of Prayer)이란 제목으로 출판하였다. 이 심오하고도 뛰어난 웅변적 논문 안에서 그는 귀용 부인의 가르침을 정죄하고 그녀의 성격을 험담했으며 동시에 그녀의 상당히 알려진 작품 『짧고 쉽게 기도하는 법』을 실추시키고자 애썼다. 사실 보쉬에 주교의 이 책은 이미 귀용 부인과 하녀가 모의 성 마리아 수녀원에 있을 때 1695년부터 쓰여졌지만 그동안 그가 출판하지 않고 1697년에서야 출판한 것은 그 전에 페늘롱 대주교의 동의를 얻으려 했었기 때문이다.

하지만 그 논문을 읽으면서 페늘롱 대주교는 자기에게 아무 해도 입히지 않은 귀용 부인의 성격에 관해 그렇게 중상모략적인 내용이 포함되어 있는 책을 동의하는 것이 양심에 꺼려진다고 분명히 밝혔다. 그래서 그는 동의를 보류했다. 하지만 그렇다고 보쉬에 주교의 분노를 가라앉힐 수도 없었고, 어떻게 해서든 그것을 출판하려는 뜻을 꺾지 못했다.

그때 페늘롱 대주교는 귀용 부인에 대해 전혀 언급하지 않고, 자기의 저서, 『성인들의 금언』(Maxims of the Saints)에서 내적인 신앙의 체험에 관한 견해가 로마 카톨릭시즘에게 전혀 낯선 것이 아님을 증명하고자 시도했다. 초대교회 종교회의의 결정사항들을 인용하면서 페늘롱 대주교는 십자가의 요한이나 성 프란시스 드 살르, 아씨시의 성 프란치스코, 알바레즈 신부, 토마스 아퀴나스, 성 베르나르, 성녀 테레사, 아레오스고파 회원인 디오니시우스, 그레고리 로페즈 등을 포함한 위대하고 가장 영적인 거장들 역시 귀용 부인이 믿은 대로 자아의 십자가에 못박힘과 정결한 사랑, 성화, 그리스도인의 완전에 관한 내적인 생명을 믿고 또 가르쳤다는 사실을 보여주었다. 이 논문이 출판되자 모두 놀라 시선이 이 뛰어난 대주교에게 향해졌다. 고위층의 사람들이나 영향력있는 성직자, 공무원들과 서신연락을 주고 받았을 뿐만 아니라 또 다른 긴 논문 "정적주의의 역사에 대한 답변"(An Answer to the History of Quietism)을 썼고, 거기서 귀용 부인의 영적인 체험과 성령으로부터 받은 계시에는 아무런 오류가 없다는 사실을 보여주고자 애썼다.

페늘롱 대주교의 『성인들의 금언』을 반박하기 위해서 보쉬에 주교는 두 편의 극단적인 반대 논문, "새로운 신비주의의 전통적인 역사"·(Traditionary History of the New Mystics)와 "모의 주교의 일기"(A Memoir of the Bishop of Meaux)를 썼다. 교회 안에서의 이 거나란 논쟁과 관련된 그의 다른 작품들에는 『캉브라이 대주교로부터 받은 네 통의 편지에 대한 답변』(An Answer to Four Letters of the Archbishop of Cambray)과 『캉브라이 대주교의 교리에 관한 요약』(A Summary of the Archbishop of Cambray) 두 편의 글이 있는데 이것은 불어와 라틴어로 쐬어졌다. 보쉬에 주교의 다른 작품 두 편은 라틴어로만 쐬어져 성직자들에게만 읽혀졌다. 이것이 바로

로 『안전한 곳에 대피한 신비주의자들』(Mystici in Tuto)와 『안전한 곳에 대피한 학교들』(Schols in Tuto)이다.

이 언쟁이 진전되자 정치적인 입장이 개입되어 페늘롱 대주교에 대한 반발이 거세게 일어났다. 분명 당시 종교적인 분위기는 귀용 부인의 견해에 대해 그랬듯이 페늘롱 대주교의 입장을 좋아할 리가 없었다. 로마 카톨릭 교회의 고위당국자나 교황 인노센트 12세도 프랑스의 왕 루이 14세로부터 이 사건에 관해 조회를 요청받았다. 왕에게 보낸 보쉬에 주교의 편지가 6일 후에 교황 인노센트 12세의 수하에 들어갔고, 페늘롱 대주교는 왕정에서의 직위를 잃었다. 그는 베르사이유의 궁정을 즉시 떠나 자기의 교구지역, 캉브라이 안에만 머물라는 명령을 받았고, 명령이 떨어진 지 24시간 안에 페늘롱 주교는 길을 떠났다. 이 사건으로 페늘롱 주교는 비애를 느끼며 자기가 그토록 사랑했던 궁정을 떠나 다시는 돌아올 수 없었다. 귀용 부인의 무죄성을 확신했기 때문에 그는 그녀를 변호하려고 시도했던 것이 잘못되었다고는 전혀 생각지 않았다. 하지만 표면적으로는 그것을 인정하는 것처럼 보여 그에게 일이 오히려 수월했다.

1697년 12월, 페늘롱 대주교는 샹트락 원장에게 편지를 써서 자기는 자기의 실수를 인정하기만 하면 다시 왕정으로 되돌아갈 수 있지만 그렇게 머리를 굽히고 싶지 않다고 밝혔다. 그러면서도 그는 왕의 총애는 잃지 않았으리라는 기대를 갖고 있었다. 상처를 받고 환멸을 느낀 그는 본낭 신부로서의 부르심과 인정을 받았던 것에 충실히 머물렀다.

왕이 보냈던 조회가 교황을 극도로 난처한 입장으로 만들었다. 정치적으로 교황은 이 사건을 무시함으로써 프랑스 왕의 청을 도외시할 수는 없었기 때문이다. 그러나 그리스도의 대행자였기에 어디에 심각한 이교도적인 혐의가 개입되었는지 함부로 결정을 내릴 수도 없었던 것이다. 그래서 왕을 진정시키는 한 방편으로 교황 인노센트 12세는 페늘롱 대주교의 책 『성인들의 금언』을 조사하고 그것의 이교도적인 특성에 관한 의견을 제출하도록 위원회를 결성하여 12명의 위원을 임명했다 12번의 회의를 개최한 후에도 위원회의 의견은 여전히 분분했다. 그러자 교황은 추기경들을 상임위원으로 선출하여 그 신학적인 내용에 관해 문제작을 더욱 면밀히 검토하라고 지시했다. 그들 역시 12번의 회의를 마치고도 결론에 도달할 수 없었다. 다시 새로운 추기경들의 상임위원들이 임명되었다. 믿기 어렵지만 규칙적인 회기와 여러 번 사적인 위원회 등 52번이 넘는 회의를 거친 후 오랜 숙고의 결과는 1699년 3월 12일 『성인들의 금언』 중 23개의 명제가 유죄성이 있는 것으로 밝혀졌다.

로마로부터의 이런 반응은 단순히 체면치레에 불과했음이 분명하다. 교황에게 부과되었던 딜레마가 어떻게 해결되리라고는 아무도 생각지 못했다. 페늘롱 대주교의 책에서 표현된 교리적 관섬에 대한 진정한 판단은 결코 내려지지 않았다. 비록 위원회가 23개의 명제에 대해 유죄선고를 내렸지만 추기경 중 어느 한 사람도 그 책의 내용을 분명하게 정죄하지는 못했다. 그럼에도 불구하고 보쉬에 주교는 귀용 부인의 의심스런 변칙적 교리에 관한 기나긴 논쟁에서 신추되고 불만을 품은 페늘롱 대주교를 자기가 이겼다고 주장하였다.

사랑은 나의 죄,
그래서 여기 저들이 나를 가둔다네.
이토록 오랜 시간 갇힌 것은
너무도 사랑스런 그분을 위함일세.

여기 내가 왔을 때처럼
이 거룩한 불꽃의 노예라네, 나는 아직도 …
어떻게 더 잘 자랄 수 있으려나?
어떻게 내 가슴으로부터 날아갈 수 있으려나?
나를 가둔 저들, 알아야 할텐데
진정한 사랑은 결코 죽지
않는다는 것을.
그래, 짓밟히고 경멸스럽게 짓이겨진다 해도
사랑은 살아 다시
타오르는 것.
그럼 나의 탓인가?
그분은 언제나 나의 망막에 아로새겨졌네.
일단 불꽃이 튕겨져 불씨에 닿으면
그분은 언제나 태우며 빛을 내시네, 그 불씨를 …
저들 나를 엄습하고 비난하네, 그 불씨 때문에,
내가 사랑을 멈출 수 없기 때문에 …
무슨 힘으로 흐리게 하려나,
위로부터 떨어져 타오르는 그
광선을 …
영원한 생명은 결코 사그라들지 않네,
하나님은 사랑의 생명.
만일 생명의 그 근원이 끝난다면
오직 그때만 더이상 빛이 비취지 않으리.

# 16

## 가중되는 박해

추호의 의심도 없이 잔느 귀용 부인은 17세기 로마 카톨릭시즘의 가장 빛나는 그리스도 증인 중의 한 사람이었다. 귀용 부인은 부유한 고위층으로부터 가난한 자들 속으로 자유롭게 스스로 내려갔다. 다른 사람들에게 영적인 문제에 있어 불가사의한 영향을 끼칠 수 있었던 그녀의 유일한 능력은 국가와 교회 양쪽 모두와 고통스런 마찰을 일으켰다. 프랑스의 가장 유명한 사람들 중 어떤 이들은 하나님의 말씀에 관한 귀용 부인의 사역에 의해서 마음이 움직여져 그녀를 변호하기에 이르렀다. 하지만 그늘은 그녀를 결정직으로 도울 수는 없었다. 공작들과 공작 부인들, 공주들과 귀족들, 심지어 루이 14세왕의 연인이면서 후에 은밀한 부인이 되었던 맹트농 부인까지도 귀용 부인의 영혼에 관한 관심으로 인해 예수 그리스도와 그분의 위대한 구원을 깨닫게 되기에 이르렀다.

귀용 부인은 오늘날 널리 환영받고 있다. 그녀의 이름은 종교사에 있어 신비가로서, 정적주의의 한 사람으로서, 풍부한 작가로서 독보적으로 고양된 영성의 소유자로서 세계사에 드문 한 사람으로서 기록되고 있다. 하나님은 모든 것의 모든 것 되신다는 확신이 그녀의 인생의 매 단계를 완전히 채우고, 예수 그리스도에 대해 끊임없이 말하지 않을 수 없게 만들었다. 이러한 확신은 귀용 부인과 카톨릭이든 프로테스탄트이든 수많은 독실한 그리스도인들로 하여금 로마 카톨릭 교회의 규정되고 승인된 교리나 전통과 조금이라도 다른 모든 신앙적 감성에 대해 박해를 가했던 프랑스의 종교·정치적 상황의 덫에 걸리게 만들었다.

1698년 봄, 귀용 부인은 여전히 보지라르 감옥에 유폐되어 있었다. 어느 날 고급스런 성직자의 옷을 우아하게 입고 무죄한 행실의 소유자처럼 보이는 두 명의 신사가 거의 2년 동안이나 갇혀있던 감옥의 작고 초라한 공간으로 귀용 부인을 찾아왔다. 한 사람은 귀용 부인을 빈센느성에서 보지라르 감옥으로 옮기게 해 준 친절하고 동정심있는 파리의 드 노아이유 대주교였고, 또 한 사람은 그녀의 영적 지도자로 임명된 쉴피스 신학교의 부제 라슈타르디에 씨였다. 그 사람은 보다 자주 귀용 부인을 방문했었다. 그들은 귀용 부인에게 편지를 한 통 가져왔는데, 옛 친구 라 콩브 신부가 보낸 것이라고 했다.

그 편지에서 라 콩브 신부는 귀용 부인에게 부인의 변칙적인 교리에 대해 잘못을 시인하고 교회에 대해 범한 모든 죄를 고백하라고 그녀를 종용하고 있었다. 이런 터무니없는 주장을 하고 있는 편지가 진짜인지 의심스러웠기 때문에 아예 수신처를 확인할 생각도 없이 라 콩브 신부가 직접 쓴 것을 믿지 않았다. 더구나 자기를 반대하는, 심각하게 이교도적인 혐의를 인정하는 어떠한 고백도 할 수가 없었다.

귀용 부인의 적들, 말하자면 교활한 보쉬에 주교나 그녀의 간교한 의붓오빠 라 모트 신부가 표면적으로 이 성직자들을 내세워서 그릇된 방식으로 그녀를 더욱 실추시키려고 계략을 꾸몄던 것이다. 귀용 부인은 여러 해 동안 오직 하나님께 대한 개인적인 헌신 때문에 괴롭힘과 박해, 거짓된 고소 마침내 투옥되기에까지 이르렀다. 오직 하나님의 사랑과 성령의 능력만이 이 여인의 그러한 박해를 견디게 해주었다. 즉각 자기에게 가해진 고통스런 상황과 박탈에도 불구하고 귀용 부인의 그리스도에 대한 증거는 확고부동하게 남아있었다. 그녀는 자기의 복된 주님에 대해서 추호의 의심도 없었다. "그럼, 누가 하나님의 사랑으로부터 나를 끊어놓을 수 있으랴?" 귀용 부인은 자서전에서 이렇게 쓰고 있다. "그 어떠한 박해도, 감옥도, 인간도, 사단도, 그 어느 것도 끊을 수 없다." 이런 모든 역경 가운데서도 그녀는 하나님께서 자기를 사랑하시고 어디서든 그분의 전능하신 지혜 안에서 자기와 함께 계신다는 사실을 확고히 신뢰했던 것이다.

이미 박해와 혹독한 역경이 귀용 부인과 어떻게든 연관된 사람들, 특히 라 콩브 신부나 페늘롱 대주교 같은 사람들에게 닥쳐왔다. 만일 그들이 미래를 볼 수 있었다면 자기들이 당한 고통은 앞으로 닥칠 것에 비하면 이제 겨우 시작에 불과하다는 것을 알았을 것이다.

1696년 샤르트르의 주교인 고데 마래 씨는 귀용 부인의 작품이 본질상 이교도적이고 잘못됐으며 무분별하고, 불경스러우며 마르틴 루터나 존 칼빈 같은 개혁자들의 오류를 재범하고 선전한다고 비난한 『교회적 지침』(Ecclesiastical Ordinance)을 발표했다. 그는 심지어 귀용 부인이 가르쳤던 성 시리스 수녀원 학교에 가서 그녀의 책과 페늘롱 대주교가 쓴 수사본, 선동적이라 평가되는 편지를 뒤지기까지 했다. 같은 해 왕은 왕의 호위병으로서 공식적 임무를 맡고 있던 귀용 부인의 아아들을 해직시켰다. 귀용 부인의 아들은 2년 넘게 그 임무를 띠었고, 기록도 좋았기 때문에 그가 해직당한 이유는 군인으로서의 그의 행동양식이나 왕에 대한 충성심에 문제가 있어서가 아니라 오직 그의 어머니에 대한 교회의 반대 때문이었다.

또한 페늘롱 대주교의 친구들이 갑자기 아무런 이유없이 왕정의 고위층으로부터 해직당하였다. 1697년 가을, 왕이 직접 보빌리에 공작을 심문하였고, 1698년 6월에는 보몽 수도원장과 롱주롱의 수도원장이 경고도 없이 부교사의 직책을 박탈당하고 왕정으로부터 해직당하였다.

라 콩브 신부는 귀용 부인의 옹호자로서 이미 축출당해 바스티유 감옥에 갇혀 있었다. 바스티유에서의 유폐는 그에게 너무나 가혹했음이 증명된다. 육체적으로나 정신적으로 겪은 고통이 그의 한계를 넘어섰다. 그리하여 파리 근교의 샤랑통에 있는 요양원에 실려갔는데 거기서 정신질환자처럼 더듬거렸고 끝내 개인 풍장에 빠졌다. 그토록 장래가 촉망되고 뛰어났던 한 인간의 종말이 그토록 비참하다니 …

1698년 9월, 이제 50세가 된 귀용 부인과 하녀 라 고티에르 양을 바스티유 감옥으로 호송하라는 '비밀령'이 보지라르 감옥의 책임 신부에게 전달되었다. 바스티유 감옥은 보통 가장 냉혹한 환경에 정치범들을 가두어 놓는 곳이었다. 왕의 사인이 있고 봉해져 있는 '비밀령'은 비록 비밀리에 입수되었다 해도 누구든지 결정적으로 바스티유에 투옥시킬 수 있을 만큼 강력한 효력을 발했다. 그곳에서의 삶은 지구의 지옥임을 그들 역시 곧 발견하였다.

"오, 하나님! 당신을 찾아 충실하게 따름으로써 그리고 정결한 사랑의 능력 안에서 제 자신을 희생제단에 바침으로써 당신의 유익과 영광을 위해서 수고함으로써 얻는 최고의 위로가 이제 제게 남아있으니 이것은 당신의 선하심 덕분입니다. 제가 이 세상에 처음 존재하는 순간부터 죽음과 생명은 늘 투쟁하는 것 같았습니다. 하지만 생명이 죽음을 이겼다는 사실이 증명되었습니다. 오, 이곳 지상에서의 제 마지막 존재의 결론 안에서 생명은 영원히 죽음을 이기리라는 것, 그것이 제 유일한 소망입니다. 의심할 바 없이 그렇다면 오직 당신만이 제 안에서 충만하게 살고 계십니다. 오, 나의 하나님, 오직 당신만이 지금 저의 유일한 생명이시고, 저의 유일한 사랑이시며 저의 구원자이십니다!"

# 17

# 바스티유 감옥에 투옥되다

　다른 많은 파리 사람들처럼 귀용 부인과 그녀의 하녀 역시 걷거나 마차를 타고 지날 때마다 회색빛 성벽이 둘려쳐진 4층의 바스티유 감옥의 건물을 보면서 여러 차례 두려움을 느낀 적이 있었을 것이다. 이들 여인들은 누꺼운 담벼락과 높은 탑이 있는 그 크고 공포스런 바스티유 감옥에 자기들이 갇히게 될 거라는 사실을 알았을 때 그곳이 더욱 무시무시하게 다가왔을 것이 틀림없다. 그것은 확실히 유쾌한 일은 아니었다.

　그렇다. 이 소름끼치는 장소에 대해서 들어보지 못한 프랑스인은 단 한 사람도 없다. 그곳은 유럽대륙의 다른 어떠한 감옥보다도 훨씬 악랄한 곳으로 이름이 나있었다. 교회나 국가에 대항하면 그곳에 투옥될 거라는 생각 때문에 사람들은 아예 대항할 생각조차 하지 않을 만큼 바스티유의 명성은 제지력이 뛰어났다. 오직 신념에 가득찬 사람들만이 감히 의사를 표현할 수 있었다. 당시 프랑스는 중죄를 지은 사람을 간단하게 목을 베는 참수형에 처했고, 그것도 즉시 실행하였다. 그나마 감방이나 지하감옥에 갇혀있는 사람들은 대개 도둑들이거나 가벼운 범죄자들이어서 성직자들이나 사제들과 대화를 나눌 수 있고, 또 여러 가지 방식으로 왕명을 어긴 사람들, 이교도라 고소된 사람들 뿐이었다.

외관상으로도 역시 바스티유 감옥은 위압적이었다. 14세기 후반기에 침입세력으로부터 파리를 보호하기 위해서 세워진 성곽, 바스티유는 루이 13세와(루이 14세의 아버지) 수석 장관 추기경 리슐리외 때부터 평안하게 고위층에 자리잡은 사람들에게 너무 말썽거리를 준다고 판명된 사람들을 극단적으로 유폐시키는 장소로서 이용되기 시작했다.

바스티유는 거의 12 내지 13피트나 되는 두꺼운 돌담으로 연결된 80피트 높이의 탑과 4층의 높은 건물들, 두 개의 커다란 뜰로 둘러싸여 있었다. 이 두 개의 뜰은 안의 낮은 담으로 분리되었는데 안에서의 동작범위를 전략적으로 줄이기 위함인 듯하다. 전체 건물은 깊고 넓은 연못으로 둘러싸여 있었고, 그 연못에는 도개교가 있고, 감시가 심했다. 각각의 탑 밑에는 지하감옥이 있었다. 이 지하감옥은 거의 깜깜하고 겨우 작은 창문 하나 뿐이어서 통풍도 잘 안되었다. 감쪽같이 감춰져 있는 지하감옥 위에는 4개의 감옥건물이 불규칙적인 다각형으로 세워져 있다. 각 방은 너비가 거의 18피트이고 높이도 바닥에서 천장까지 약 18피트이다. 거주자가 할 수 있는 운동은 오직 작은 감옥방에서 왔다갔다 걷는 것 뿐이었다. 꼭대기층의 감옥은 더욱 작았다.

각 탑마다 이름이 있었고, 각 감방에는 번호가 매겨져 있다. 감옥방 안에서는 땅이나 하늘을 볼 수 없었는데, 그것은 담 두께가 탑 꼭대기에서는 12피트였지만 점점 밑으로 내려올수록 더 넓어져 지면의 담벽의 두께는 18피트나 거의 20피트까지 두꺼웠기 때문이다. 각 감옥방에는 사시사철 열려있는 창문이 하나씩 있었다. 창문이나 굴뚝에는 죄수들의 탈출을 막기 위해서 돌케이스에 두꺼운 쇠창살이 박혀 있었다. 3인치나 되는 두꺼운 문은 두겹의 오우크 판자로 만들어졌고, 자물쇠와 두꺼운 쇠살을 채워놨다. 바닥은 거친 돌 타일이 깔려있고, 각 방마다 같은 가구와 주요 도구들이 있었다. 밀짚침대보다 더 작은 침대 하나, 담요 한 장, 나무로 된 테이블, 의자 혹은 걸상, 세면대, 흙으로 빚어진 주전자, 변기단지, 촛대, 밀짚 빗자루 … 잔혹한 파리의 겨울에도 난로나 화로없이 단지 부싯깃통만 있었다. 그곳이 얼마나 추울지 우리는 상상할 수가 없다. 싸늘한 냉기가 사람의 뼈 속까지 스며들 것임에 틀림없다.

일단 죄수가 바스티유에 들어오면 들어온 날짜와 이름, 그가 배정받은 탑의 이름과 방번호가 기록된다. 그럼 그때부터 그는 예를 들면, 단순히 '보석탑의 1번' 혹은 '공작탑의 2번'이라 불린다. 간수들은 이런 식으로 죄수를 부르기 때문에 그들의 진짜 신분을 알 도리가 없다. 일단 바스티유에 들어오면 약간의 옷이나 아주 필요한 소지품, 빗, 성경책, 기도책, 묵주 혹은 십자고상을 제외하고는 모든 것이 압수된다. 사회적인 신분이나 죄목에 상관없이 또 부유하건 가난하건 모든 사람들은 똑같이 지옥에서처럼—인간의 존엄성을 전혀 존중하지 않는—취급당한다.

귀용 부인이 바스티유에 도착하자 어느 간수가 무뚝뚝하게 그녀의 감방까지 데려다 주었다. 귀용 부인이 한때 익숙하게 지냈던 우아함과는 너무나 다른 환경이었고, 그 시절은 이미 사라졌다. 약하고 병들고 지친 그녀는 어둠 속에서 밀짚 위에 몸을 누인 채 잠을 청했다. 참으로 비참한 광경이었다. 복도에서 들려오는 소음과 불쾌한 냄새 때문에 귀용 부인은 잠을 깼다. 그녀는 밤새도록 쉬지 못하고 뒤척였다. 그녀의 육체는 그러한 환경에 저항했다. 빈대와 이, 거미와 쥐만이 유일한 친구였다. 이 비참한 곳에 비하면 보지라르의 감옥과 빈센느성은 오히려 시골의 저택이라 할 수 있다. 여기서는 죄수들이 빨래와 살림을 직접 해야 했다. 그렇게 어둡고 축축한 감방 안에서 옷을 말리려면 오랜 시간이 필요했다. 당시 옷이나 담요는 얇았기 때문에 전혀 따뜻하지 않았다. 여름에는 감방이 너무 뜨겁고 후덥지근했으며 냄새가 심했고, 겨울에는 춥고 싸늘하고 냉기가 돌았다. 앞 뜰의 굴뚝에서는 검은 연기가, 부패한 연못과 하수구에서는 썩은 악취가 올라와 이미 참을 수 없는 상황을 더욱 견딜 수 없게 만들었다. 아무런 위생시설도 없고 통풍도 안되므로 물은 부패하고 썩었으며 음식도 상해 갖가지 질병, 열병이나 메스꺼움, 설사, 벌레물림, 뾰루지, 종기 등으로 고통을 겪는 것은 당연했다. 너무나 몸이 아파 빨래나 식사, 청소를 못할 때는 그저 자기 오물과 구토, 배설물 위에 언제 일어날 수 있을지 기약도 없이 누워있어야 했다. 살든지 죽든지 아무도 거들떠보는 사람이 없었다.

동틀 무렵이면 간수들이 문을 두드리며 소리를 질렀다; "편안한 자리에서 일어나라구! 하루종일 자고도 또 자고 싶어? 이 게으름뱅이들아!"

음식 양동이는 하루에 두 번 분배된다. 음식은 보통 곰팡내가 나는 빵과 야채, 얼은 고기조각이다. 이따금 양고기와 축축한 파이, 시큼한 포도주 한 잔이 나올 때도 있다. 음식을 먹으려면 손가락을 바께쓰에 집어넣어야 했고, 무엇이든 음식이 남으면 저장소에 도로 넣고 다음 시간까지 보관을 해둔다. 귀용 부인처럼 품위있는 사람은 그렇게 비참하고 타락된 방식으로 음식을 먹어야 할 때마다 자신이 마치 우양간에서 동물처럼 취급당하고 있다고 느꼈을 것이다.

그런 더러운 환경 외에도 여기서 겪는 가장 커다란 위험 중의 하나는 매일 살아가는 존재 그 자체의 단조로움이었다. 무기력함과 권태, 불경건함 등 그곳에 들어온 모든 사람들은 그런 적과 싸워야 했다. 어떤 사람들은 무기력함을 극복하기 위해서 깨어있는 시간을 발길이 끊이지 않는 자기들의 친구, 쥐와 거미를 훈련시키면서 보냈다. 낮은 끝이 없었고, 밤은 더 긴 것 같았다.

귀용 부인은 계속 하나님과 대화를 하는 데 마음을 쏟았고, 사도 바울과 실라가 감옥에서 했던 것처럼 찬미와 감사의 찬송을 불렀다. 또 자기 원수들의 영혼을 위해서 그리고 잠깐 간수와 함께 지나갈 때 쇠살 사이로 얼핏 보는 것 외에는 한 번도 만날 기회가 없는 다른 죄수들의 영혼을 위해 기도하면서 여러 시간을 보냈다. 귀용 부인은 감방을 자주 드나드는 쥐들에게 친밀감을 느끼기 시작했고, 쥐들 역시 그렇게 갇혀있는 것이 불행해 보여 쥐들의 자유를 위해서도 기도했다.

이 두 여인이 바스티유 감옥에 들어간지 몇 날 후에 악명높은 귀용 부인이 죽었다는 소문이 비밀정보망을 통해서 흘러나갔다. 하지만 그것은 사실이 아니고, 실제 죽은 사람은 귀용 부인의 충실한 하녀였다. 그 가련한 소녀는 그런 내핍을 견디지 못했던 것이다. 귀용 부인이 죽었다고 소문이 날 만도 한 것은 모든 죄수들이 간수들에게는 똑같아 보였고, 단지 탑 이름과 방 번호로만 구분할 뿐이기 때문이다. 그들의 진짜 이름은 보통 알려지지 않는다. 아마 어떤 사람들은 귀용 부인이 바스티유 감옥에 들어왔다는 소문을 들었을 것이고 그래서 자기의 복된 구세주를 너무나도 사랑하는 이 여죄수는 한때 자크 귀용 씨의 부유한 미망인이었다는 것을 알지도 모르겠다. 귀용 부인과 그녀의 하녀는 귀용 부인이 미망인이 되었을 때부터 매우 가까이 지냈기 때문에 이따금 사람들이 서로를 혼동할 수 있었다. 그들은 참으로 많은 곳을 함께 다녔다. 제스를 포함해서 토넌, 그르노블, 파리 그리고 수녀원과 감옥까지 … 이 하녀는 귀용 부인이 주님을 위해서 사역을 수행할 때 귀용 부인의 딸, 마리아 잔느 귀용과 함께 토넌의 우르술린 수녀원에 머물기도 했었다. 하녀 라 고티에르 양은 하나님께서 자기를 귀용 부인과 함께 머물라고 명하셨다는 굳은 내적인 신념을 갖고 있었다. 라 고티에르 양은 이 하나님의 여인, 귀용 부인을 만난 것이 축복이라고 느꼈기 때문에 귀용 부인의 극한 고난과 어려움까지 함께 나눌 수 있었던 것을 영광으로 생각했다. 국가 당국이 극한 위협까지 하고 교회 담당자들도 귀용 부인을 반대하는 말만 하면 절대적인 보장을 해주겠다고 아무리 설득을 해도 라 고티에르 양은 결코 자기의 고용주면서 후원자인 귀용 부인을 마음으로라도 배반해 본 적이 없었다.

라 고티에르 양은 한 번 친구에게 이런 편지를 보냈다; "귀용 부인은 내게 하나님에 관한 지식을 알려주기 위해 —지금 내가 사랑하고 또 영원히 사랑할 하나님— 하나님이 내게 보내주신 하나님의 손 안의 도구라고 말한다 해도 과하지 않겠지? 귀용 부인은 '자아의 부인'과 '옛 자아의 죽음', '오직 하나님의 뜻에 따라사는 삶'에 관한 위대한 가르침을 내게 주었어. 나는 부인이 보여주었던 그 참을성있는 근면함과 신앙, 내게 부어주었던 그 거룩한 사랑을 결코 잊을 수 없을거야. 그러니 내가 부인을 사랑하는 것은 당연하지. 그래 귀용 부인이 내가 사랑하는 하나님을 사랑하기 때문에 나는 부인을 사랑해. 그 사랑은 실제적이고 살아서 역사하지. 이 사랑은 내가 어떻게 말로 표현할 수 없는 방식으로 우리의 가슴을 하나로 묶는 힘이 있어. 하지만 이 일치는 천국에서 우리가 누리게 될 그 연합의 시초일 뿐이야. 그곳에서는 하나님의 사랑이 그분 안에서 모든 사람들을 하나로 묶으실 거야."

비록 갇혀있기는 했지만 귀용 부인은 자기에게 이런 일이 일어날 수 있는 것은 오직 하나님께서 허락하셨기 때문이라고 확신했다. 바스티유 감옥에 들어오기 바로 전, 부인은 친구에게 이렇게 썼다; "나의 적들이 내게 무엇을 하든지 전혀 염려되지 않습니다. 나의 인생이 끝나는 순간까지 완전히 홀로 버려진다 해도 두렵지 않습니다. 하나님께서 나와 함께 계시는 한, 감옥도 죽음도 진정한 공포를 일으키지 못합니다. 저들이 최후의 수단을 쓰고 나를 죽게 하여 내가 죽는 모습을 본다 해도 나는 두렵지 않습니다. 마리아 막달레나가 그랬던 것처럼 … 그녀는 자기에게 정결한 사랑의 기술을 가르쳐 준 그분을 결코 떠나지 않았습니다."

그러므로 자물쇠로 잠긴 방문과 쇠창살의 창문, 추운 지하감옥의 담벽, 감옥에서 귀용 부인이 겪은 모든 불편과 모욕에도 불구하고 사그라지지 않는 기쁨과 측량할 수 없는 영적 자유가 이 여인의 영혼 안에서 천국을 향해 용솟음쳤기에 저절로 찬양을 하지 않을 수 없었다. 이 찬양은 오직 하나님을 생생하게 실재하시는 분으로 만났음을 내용으로 하는 것이었다. 그녀의 기도와 찬양, 눈물, 이것들은 주님께 합당한 희생물로서, 세상에서 가장 영광스럽고 아름다운 성당에서 드려진 가장 고귀한 미사로서 하나님의 보좌 앞에 드려질 만한 가치가 있는 것이었다.

바스티유에 있는 동안 귀용 부인은 어떻게든 몇 장의 종이를 구해 고위층의 사람들과 자기의 불행한 곤경에 대해 동정을 품은 사람들에게 몇 통의 편지를 썼다. 그 중 한 사람에게 자기를 이 끔찍한 장소에로 몰아넣은 데 책임이 있는 부도덕한 사람들에 대해서 자세히 쓴 적이 있다; "저는 위선자라는 누명을 썼습니다. 하지만 그렇게 불릴 근거가 어디 있습니까? 확실히 일부러 부당한 고통을 자초하는 유별난 위선도 있겠지요. 하지만 다양한 방식으로 십자가를 감수하는 사람들은—중상모략, 빈곤, 박해, 갖가지 쓰라림과 모욕—아무런 세상의 유익을 구하지 않습니다. 저는 지금까지 이런 것을 감당하는 위선자는 단 한 사람도 보지 못했습니다.

일반적인 관점에서 볼 때 위선자들은 두 가지 목적을 가지고 있습니다. 하나는 돈을 얻는 것이고, 또 하나는 호감을 사기 위해서입니다. 만일 그러한 요소들이 위선을 유발시킨다면 저는 그런 것에 접근하는 것을 포기하겠다고 말해야만 정당합니다. 저는 하나님께 맹세합니다만, 이 세상의 왕비의 관을 준다 했어도 살아 생전에 성인으로 불러준다 했어도 저는 절대로 그런 것을 하지 않았을 것입니다. 저를 그렇게 행동하도록 부르신 것은 세상이 아니라 하나님이셨습니다. 저는 한 목소리를 들었고, 그 목소리에 순종하지 않을 수 없었습니다. 저는 오직 하나님만을 기쁘게 해드리고 싶었습니다. 저는 그분이 제게 주시는 어떤 것이 아니라 오직 하나님, 그분 자신만을 추구했습니다. 제 안에서 드러난 그분의 뜻을 거역하는 어떤 일을 하느니 차라리 죽는 것이 훨씬 낫습니다. 이것이 제 솔직한 심정입니다. 어떠한 박해도, 어떠한 시련도 저의 이 심정을 바꾸어 놓을 수 없습니다.

모든 사람들이 저를 범법자라 해도 저는 저의 고난받으신 구세주께서 가신 길을 그대로 따라갔을 뿐입니다. 그분은 로마황제에 의해서 대제사장에 의해서 율법사에 의해서 그리고 로마의 대표적인 심판자들에 의해서 유죄선고를 받으셨습니다. 하지만 하나님의 사랑은 저의 슬픔을 진실로 기쁨으로 바꿔주셨습니다. 저의 목적은 전혀 변하지 않았습니다. 고난의 그리스도와 함께 고통을 나누는 사람들은 행복합니다."

역사는 귀용 부인이 바스티유에서 친지들과 분리되어 가족과 벗들의 방문도 금지당한 채 보낸 4년 간의 고독한 유폐생활을 기록하고 있다. 위로하는 듯한 태양빛도 거대한 감옥의 벽에 의해 그녀를 거부했다. 간수와 고백신부 외에 이 기간 동안 귀용 부인이 만났던 유일한 사람들은 주기적으로 심문을 하러 온 공직자들이었다. 자기의 혐의를 인정하는 사인만 하면 그녀는 즉시 풀려날 수 있었다. 그러나 단 한 순간도 사인을 하겠다고 생각한 적이 없었다! 자기를 구원하신 주 예수 그리스도의 능력을 부인하고 자기의 영적인 체험과 믿음을 철회하느니 차라리 자유가 필요하다면 죽음 그 자체로 해방될 때까지 감옥에 머물겠다고 생각했다.

여기, 예수를 너무나도 사랑하고 그토록 하나님이 원하시는 것만을 하고 싶어했던 한 여인이 있다 … 그 어느 것으로도 자기의 복된 주님과 구세주, 자기의 인생 안에서 보여준 성령의 능력을 부인하게 만들 수 없었던 믿음의 여인 …

귀용 부인의 자서전은 바스티유에서의 생활을 짤막하게 담고 있다; "무엇인가 최후의 조처가 취해지고 바스티유에 갇혔을 때 나는 '오 하나님, 만일 저를 사람들과 천사들에게 새로운 광경으로 보여주시기를 기뻐하신다면 당신의 뜻대로 되기를 원합니다!' 라고 말했다."

귀용 부인은 또한 자기의 감금생활에 대해서 짧은 시도 지었다. 하지만 그 육중한 탑 안에서 실제 무슨 일이 일어났었는지에 대해서는 결코 말을 많이 하지 않았다.

어떨 때는 귀용 부인이 학대를 당하고 혹은 매를 맞았는지도 모르는 일이다. 분명한 것은 부인이 최고도의 정신적인 핍박과 개인적인 모욕감, 비인간적인 처사를 겪었으리라는 사실이다. 바스티유에 유폐되었던 사람들의 이야기는 항상 끔찍했기에 아마 믿음으로 하나님과 함께 살았던 사람도 그랬을 것이다. 많은 사람들이 죽었고, 살아남아 나중에 풀려나온 사람들은 거대한 돌담벽 안에서 일어났던 일을 말하지 못하도록 금지를 당했다. 말하면 그곳으로 되돌려 보내겠다는 위협을 받았다.

우리가 알고 있는 것 전부는 그곳에서는 보통 사람들이 해골이 걷는 것처럼 보인다는 사실이다 …

귀용 부인은 1702년, 재심의에 들어갔다. 잃어버린 건강 때문에 귀용 부인은 바로 죽음의 문턱에 있는 것처럼 보였다. 그래서 당국은 그녀를 석방하여 블루아 근처의 디지에서 아들과 함께 남은 여생을 보내도록 결정했다. 물론 그녀의 석방에는 조건이 따라 붙었다. 오직 아들과만 같이 지내고 다른 사람들에게 그녀의 변칙적인 신앙의 견해를 가르치지 말라는 것이 그 명령이다.

겨우 54세밖에 되지 않았는데도 부인은 훨씬 늙어보였다. 빈혈로 얼굴은 창백했고, 말랐으며 머리는 하얗게 세었다. 그 고독한 4년의 유폐가 귀용 부인의 신체를 완전히 닳게 했다. 여름에는 극한 더위에, 겨울에는 잔혹한 추위에 노출되고, 직접적인 햇볕의 결핍으로 축축함에 절은 신체는 급속도로 나빠질 수밖에 없었다. 여러 차례 자신이 죽음에 가까이 왔음을 느꼈고, 재발되는 열과 감기, 동상, 실신, 피로, 종창, 팔과 다리의 마비증상이 끊이지 않았다. 아마도 귀용 부인은 급성 폐렴과 류마치스 관절염, 결핵까지 걸렸던 것 같다. 오직 끈기있는 믿음으로 말미암아 그녀는 전혀 불평하지 않을 수 있었다. 귀용 부인은 죽음도 두려워하지 않았다. 자기에게 일하라고 부르신 분은 주님이시기에 하나님의 뜻을 성취할 때까지 살아있도록 그 때를 결정하실 분도 하나님이기 때문이다.

　귀용 부인이 처음 사역을 위해 스위스로 떠났을 때 그녀는 부유한 젊은 미망인이었다. 그러나 이제는 돈도 완전히 바닥이 났고 세월도 흘러갔다. 하나님은 말씀하셨고, 그녀는 자기가 할 수 있는 한 그분의 부르심에 최선을 다해서 응답했다. 그리고서 박해와 유폐생활이 잇달았다. 이제 귀용 부인은 또 한 번 자유를 맞았다! 바스티유에서 나왔을 때, 이 세상의 것이 아무것도 없었으나 영적 생명에 있어서 귀용 부인은 진실로 부유했다.

　　　　　육중한 벽, 나를 둘러싸고
　　　　　　종일 나를 가두네.
　　　　　그러나 내 위에 솟구친 저 벽,
　　　　　　하나님을 막을 수 없네.
　　　　　저 지하감옥 벽, 내게 소중해.
　　　　　　여기서 하나님이 나를
　　　　　　　사랑하시기에 …
　　　　　서 나를 누르는 벽은 알지,
　　　　　　홀로 있음이 힘들다는 것을.
　　　　　하지만 이것은 몰라,
　　　　　쇠창살과 돌을 뚫고 와 그분이 나를
　　　　　　축복하신다는 것을.
　　　　　내 어두운 지하감옥을 밝게 하신 분이
　　　　　　내 가슴을 환희로

채우신다는 것을 …
당신의 사랑, 오 하나님,
한숨과 눈물로 찬미케 하시는 분;
당신을 사모하는 나의 깊은 영혼,
시간과 공간을 생각지 않아.
난 더이상 선과 악을 묻지 않네.
오직 거룩한 당신의 뜻과
일치되기를!
그것이 나의 보물,
나의 유익.
비애가 희열로 바뀌는 것.
고통으로 기쁨을 거두는 것.
오 충분하다네, 무슨 일이 닥치든
하나님이 모든 것의 모든
것되심을 아는 것만으로! …

＝＝＝＝＝＝＝＝＝＝ *18*

# 마침내 풀려나다

    귀용 부인이 블루아 근교의 아들 집에 있다는 소식이 전해지자 또다시 전처럼 영적인 도움과 충고, 기도를 청하러 사람들이 모여들었다. 귀용 부인의 사역은 아직도 끝나지 않은 것처럼 보였다. 성직자나 수녀들을 포함해서 보다 많은 사람들이 영적인 문제와 성경에 대한 질문을 품고 귀용 부인을 찾았기 때문에 오히려 그 어느 때보다도 부인이 필요했다. 또한 그녀는 프랑스와 독일, 네델란드, 영국의 그리스도인들과도 서신연락을 주고 받았다.
    물론 로마 카톨릭 교회는 귀용 부인의 개인적인 적처럼 귀용 부인의 거처를 여전히 감시했다. 하지만 교회는 블루아의 부인 집을 방문하는 사람들을 만나지 못하도록 강력한 조처를 취하지는 못했다. 이것은 아마도 로마 카톨릭 믿음의 강력한 소유자, 자크 베니뉴 보쉬에 주교가 1704년 죽고, 루이 14세왕이 건강이 나빠져 이제 더이상 이 문제에 정치적인 위협이나 관심을 쏟지 못했기 때문인 것 같다. 1715년, 그의 손자, 루이 15세가 5세의 나이로 왕좌에 오르고, 오를레앙의 필립 공작이 섭정을 시작한다.

항상 하나님의 신실하심에 감사했던 귀용 부인은 자기를 그토록 미워했던 사람들을 위해서 기도하였다. 그녀의 가슴 속에는 그들이 하나님을 위한 자기의 일을 얼마나 악하게 방해했는지 개의치 않고 모든 인간을 용서하고픈 심정으로 가득찼다. 바스티유에서 풀려나온 후, 귀용 부인은 자기를 그토록 심한 곤경에 빠뜨린 사람들을 미워하지 않는다고 언급했다. 게다가 그녀는 여전히 주 예수 그리스도 하늘의 신랑과 결혼한 상태였고, 언젠가 그분을 영원 속에서 얼굴과 얼굴을 맞대고 만날 날을 충만한 기쁨으로 고대하였다.

귀용 부인은 말년 동안 자서전을 출판하는 등 정리의 기간을 가졌다. 자서전은 탁월한 영감이 담긴 귀한 책으로서 읽을 만한 가치가 있었다.

어느 날, 귀용 부인의 충실한 벗이자 변호자였던 프랑스와 페늘롱 대주교가 말에서 떨어져 중상을 입었다는 소식이 블루아에 들려왔다. 끝내 그는 회복되지 못하고 1715년 1월 7일, 60세의 나이로 생을 마친다.

그들의 우정은 페늘롱 신부가 이 지상에서 원했던 거의 모든 것을 지불하고서 얻은 값진 것이었다. 그러나 우정은 그가 가장 필요로 했던 모든 것을 그에게 다 주었다. 그로 하여금 그리스도와의 친밀한 개인적 유대를 맺게 해준 깨달음, 그것은 그의 학식, 사제로서의 수행이 결코 제공하지 못한 것이었다. 귀용 부인의 유일한 안타까움은 자기와 친밀한 유대를 가졌다는 이유 하나로 너무도 많은 친구들과 무죄한 사람들이 박해를 당하고 심지어 그리스도의 순교자가 되기도 했다는 사실이다.

  1717년 6월 9일, 바스티유에서 풀려난 지 15년 후, 69세의 나이로 이 "다른 세계의 자손"은 마침내 본향으로 돌아간다. 자기의 천국의 신랑, 주 예수 그리스도와 연합된 채 보다 나은 세계로 …

  귀용 부인은 프랑스의 블루아에 있는 코르들리에 교회의 어느 조촐한 무덤에 묻혔다.

  "아버지와 아들, 성령의 이름으로.

  이것이 그렇게 집행되도록 저의 유언집행자들에게 요청한 저의 마지막 뜻이고 증언입니다.

  저의 모든 것은 당신, 오 주 하나님 덕분입니다; 그리고 지금 제 자신 전부를 당신께 양도합니다. 오 나의 하나님, 당신이 기뻐하시는 것이라면 제게 무엇이든지 하십시오! 결코 취소할 수 없는 증여의 행위로써 저는 몸과 영혼을 포기하고 전부 당신에게, 당신의 뜻에 완전히 맡깁니다. 당신 없이는 빌거벗은 비참한 저를 당신은 아십니다. 천국에도 지상에도 제가 원하는 것은 오직 당신 뿐 다른 아무것도 없음을 당신은 아십니다. 오 하나님, 저의 구원을 저의 행위가 아니라 오직 당신의 자비와 은혜, 저의 주 예수 그리스도의 고난에 의지하면서 당신의 손 안에 저의 영혼을 맡깁니다 … "

# 참고문헌

Bell, Herman F. and McFarland, Charles E., *Religion Through the Ages.* New York: Philosophical Library Publishers, 1948.

Bradford, Cameliel, *Daughters of Eve.* Cambridge, Massachusetts: The Riverside Press, Houghton Mifflin Co., 1930.

*Catholic Encyclopedia*, Vol. X. New York: Robert Appleton Co., 1914.

Day, Rt. Rev. Victor, D. G., *The Continuity of Religion (Bossuet).* Helena, Montana: publisher not given, 1930.

de la Bedoyere, Michael, *The Archbishop and the Lady.* New York: Pantheon Press, 1956.

*Encyclopedia of Religion and Ethics*, Vol. IX. New York: Charles Scribner's and Sons, 1961.

Fenelon, Francois, *Christian Perfection*. New York: Harper and Row, 1947.

──, *Let Go*. Springdale, Pennsylvania: Whitaker House, 1973.

Guyon, Jeanne M., *Madame Guyon, an Autobiography*. Chicago, Moody Press, n. d.

──, *Experiencing the Depths of Jesus Christ*, Gene Edwards, Ed. Compton, California: Christian Books, Inc., 1976.

Jackson, Samuel M., Ed., *The New Schaff-Herzog Religious Encyclopedia*. Grand Rapids, Michigan: Baker Books, 1959.

Lawson, James Gilchrist, *Deeper Experiences of Famous Christians*. Anderson, Indiana: The Warner Press, 1911.

Prothero, Rowland E., *The Psalms in Human Life*. London and New York: Thomas Nelson and Son, 1903.

Upham, Thomas G., *The Life and Religious Opinions of Madame Guyon*. London: Allenson and Co., Ltd., 1961.

Vos, Howard F., *Highlights of Church History*. Chicago: Moody Press, 1960.

## CHRISTIAN LITERATURE CRUSADE

기독교문서선교회는 청교도적 복음주의신학과 신앙을 선포하는 국제적, 초교파적, 비영리 문서선교기관입니다.

기독교문서선교회는 한국교회를 위한 교육, 전도, 교화에 힘쓰고 있습니다.

만일 당신이 예수 그리스도와 그리스도인의 생활에 대하여 알기를 원하시면 지체말고 서신연락을 주십시요. 주 안에서 기쁜 마음으로 도움을 드리겠습니다.

서울 서초구 방배동 983-2
Tel. 586-8761~3

# 기독교 문서선교회

### 잔느 귀용 부인의 생애
MADAME JEANNE GUYON

2001년 09월 15일 초판 발행
2024년 04월 01일 개정판 1쇄 발행

지 은 이 | 도로시 고은 커슬릿
옮 긴 이 | 유평애

펴 낸 곳 | (사)기독교문서선교회
등    록 | 제16 25호(1980.1.18.)
주    소 | 서울특별시 동대문구 천호대로71길 39
전    화 | 02-586-8761~3(본사) 031-942-8761(영업부)
팩    스 | 02-523-0131(본사) 031-942-8763(영업부)
이 메 일 | clckor@gmail.com
홈페이지 | www.clcbook.com
송금계좌 | 기업은행 073-000308-04-020 (사)기독교문서선교회

ISBN 978-89-341-2666-9 (03230)

* 낙장 · 파본은 교환해 드립니다.